이 세상 가장 아름다운 모습은 당신의 행복한 미소입니다

행복한 미소

| 성전 |

개미

책을 펴내며

간간이 방송국에서 마주치는 할머니 한 분이 계신다. 그는 방송국이 자리한 건물의 3층 법당에 다니신다. 할머니는 언제나 인사한다. "날마다 좋은 날 되세요." 얼굴에 미소를 가득 담고 하는 그의 인사는 어쩌면 모든 사람을 향한 할머니의 발원인지도 모른다.

어느 날 할머니가 나를 찾아 17층 스튜디오로 올라오셨다. 할머니는 내게 말했다. "내 죽기 전에 소원이 있어요. 스님 방송 중에 낭송하시는 '오늘의 발원'이 책으로 나오는 것을 보는 거예요." 순간 할머니의 표정이 너무나 간절해 보였다. 나는 눈물이 핑 돌았다. 내 글이 누군가에게 소원이 될 수도 있다는 사실 때문만은 아니었다. 세상에 이토록 진실한 마음을 가진 사람이 있다는 사실에 나는 가슴이 먹먹해 오는 것을 실감해야만 했다. 나는 어떠한가. 나는 누군가의 글을, 말씀을 들으며 그토록 간절해 본 적이 있는가. 없다. 그것은 내 삶이 진실을 놓치고 있다는 반증이기도 하다. 맑고 순수한 마음의 자리를 잃게 되면 우리는 사실 모든 것을 다 잃고 살아가는 것에 지나지 않는다.

불교방송에서 '행복한 미소'라는 프로로 방송을 진행한 지 3년째다. 그동안 많은 사연을 만났다. 정신공황에서 치유가 되었다는 사연도 받았고, 이혼을 생각했던 부부가 서로 화해했다는 편지도 받았고, 삶이 변화했다는 소식들도 무척이나 자주 만났다. 그런 이야기를 들을 때마다 보람과 기쁨을 느낀다. 굳이 스님이 방송을 해야 되는 이유가 무엇이냐고 묻는다면 바로 이것이라고 나는 대답한다.

내가 진행하는 프로와 같은 이름의 이 책은 방송 중 내가 쓰고 낭송한 '오늘의 발원'을 엮은 것이다. 하루하루의 발원과 느낌들을 쓰고 낭송하면서 나는 내 자신의 변화를 실감한다. 그리고 그 느낌은 또한 많은 사람들이 공유하는 것이기도 하다. 나는 마치 기도하는 마음으로 이 글을 쓰고 읽었다. 나는 모든 사람들과 함께 행복한 길을 가기를 원하고 행복한 미소 짓기를 발원하고 있다.

우리들 삶의 가장 큰 명제는 행복이다. 그러므로 우리들 모든 삶은 행복을 향해 맞춰져 있어야 한다. 그러나 행복은 언제나 느낄 수 있는 것이 아니다. 행복은 우리가 가벼워졌을 때 비로소 만날 수 있는 것이다. 비움과 나눔과 이해와 배려와 지혜는 우리를 참 가볍게 한다. 그러나 소유와 집착과 욕망과 무지는 우리를 너무 무겁게 한다. 행복은 어쩌면 우리보다 약간 높은 곳에 있는지도 모른다. 행복하고 싶다면 가벼움의 코드로 살아야만 한다. 이 책을 읽는 독자들이 행복을 향한 코드를 이 책에서 발견하게 되기를 기대한다.

이 글을 쓰면서 책을 출간할 수 있도록 용기를 주신 '날마다 좋은 날'의 할머니가 떠오른다. 참 행복해 보이는 분이시다. 나는 이 글을 읽는 모든 분들이 날마다 좋은 날을 만나기를 발원한다. 책이 나오도록 격려해주신 우리 청취자 여러분과 출판사 사장님께도 감사드린다.

이른 아침 하늘에 약간 붉은 구름이 떠돈다. 행복한 하늘의 소식인가. 나는 이렇게 행복을 느낀다.

소엽산방에서
운담 성전

차례

행복__

사랑_

그리움_

인연_

인생_

깨달음_

행복

행복

살아 있음에

행복하긴 아주 쉽다.
내가 가진 것을 사랑하면 된다.

거울을 보며 나는 미소짓습니다.

얼굴을 이리로 돌려보고 저리로 돌려봅니다.

흐뭇합니다.

영화배우처럼 빼어난 얼굴은 아니어도 이목구비 제자리에 있는 것만으로도 충분히 행복합니다.

더 이상 바랄 것도 없습니다.

이렇게 온화하게 살아 있다는 것만으로도 만족합니다.

이 행복과 만족은 커다란 시련의 파고가 밀려와도 쓸고 가지 못할 것입니다.

살아 있다는 것보다 더 큰 축복은 없기 때문입니다.

살아 있는 모든 존재에게는 그 무엇이든 다 지나가는 것이 됩니다.

물이 흘러가듯 존재 역시 그렇게 변해가기 때문입니다.

살아 있음으로 우리는 모든 것을 극복하고 나아갈 수 있습니다.

그것 또한 살아 있음이 우리에게 건네는 즐거움입니다.

오늘 숲길을 거닐고 밤이면 또다시 별을 만날 것입니다.

이런 삶에 슬픔은 그냥 잠시 스쳐가는 길손일 뿐입니다.

살아 있음으로 슬픔을 향해 안녕이라 말하고 또 길을 갑니다.

행복의 스위치를 켜십시오

행복은 언제나 당신 곁에 있습니다.

다만 당신이 깨닫지 못할 뿐.

자, 이제 행복의 스위치를 켜세요.

바람 속에서 가벼운 기쁨을 만납니다.

별을 보며 아주 착하고 맑은 마음 하나를 만납니다.

꽃을 보다가 문득 그리운 이의 얼굴 하나 만납니다.

세상 어디에나 내 마음의 문을 여는 것들이었습니다.

내 마음의 문을 열고 들어와 웃음이 되고 추억이 되는 것들이 있습니다.

행복은 찾아가 만나는 것이 아니고 바로 지금 이 자리에서 느끼는 것입니다.

'나'라는 생각을 벗어놓을 때 행복은 문득 꽃처럼 바람처럼 혹은 별의 반짝임으로 다가옵니다.

자기에게 갇혀 살면 행복을 만날 기약이 없습니다.

가만히 눈을 감고 서서 자신을 잊어보십시오.

그리고 바람의 결을 느껴보십시오.

바람이 내 가슴 안으로 흐르는 순간 행복의 결을 만나게 될 것입니다.

행복한 습관

행복은 습관이다. 그것을 몸에 지녀라.

안녕. 언제부터인가 나무나 꽃을 보면 인사하는 습관이 생겼습니다.

그냥 지나칠 때는 아무런 느낌이 없던 나무나 꽃들이 인사를 하면서부터는 마치 친구처럼 다가오는 것을 느낄 수가 있습니다.

내가 안녕, 하면 나무도 꽃도 가슴을 열어 환하게 웃는 것을 볼 수가 있습니다.

삶이 아름다워지는 순간입니다.

지금 나를 규정하고 있는 모든 것들은 습관이 만들어놓은 것입니다.

성격과 행동거지 하나까지 습관을 떠난 것은 없습니다.

본래부터 타고난 성품 역시도 전생의 습관의 누적입니다.

그것은 본래 있는 것이 아닙니다.

천성이 그래서 그렇다는 말은 어쩌면 맞지 않는 말인지도 모릅니다.

습관은 제2의 천성이란 말이 있듯이 천성 역시 습관입니다.

그래서 우리는 모든 것을 변화시킬 수 있고 바꾸어 나갈 수 있습니다.

나무와 꽃들에게 안녕, 하고 말할 때 행복은 나의 습관이 되는 것이겠지요.

결제일

결제일입니다.

풀어졌던 마음을 모으는 날입니다.

만행길에 올랐던 수좌들도 만행의 발길을 돌려 산사로 돌아가는 날입니다.

밖으로 밖으로 나갔던 모든 것들을 불러 모아 안으로 안으로 모으는 날입니다.

일체의 모든 것을 놓은 그 자리에서 결제는 시작됩니다.

놓지 않으면 고요를 만날 수 없고, 고요를 만날 수 없으면 삶의 진리를 만날 수가 없습니다.

놓고 놓으라는 조사의 한마디가 내 마른 가슴에 번개처럼 지나갑니다.

한없이 너그러운 말이나 한없이 날카로운 말.

진리는 부드러우나 그것은 또한 번개보다 날카로운 것이기도 합니다.

내 안에 있는 자유와 행복.

삶의 진리는 내 안에서 비로소 만날 수 있습니다.

고요한 내 안으로의 여행.

오늘은 바로 그 여행을 시작하는 날입니다.

행복한 사람

행복하기만한 사람, 늘 불행하기만한 사람이 어디 있나요.

삶이란, 바퀴의 테마냥 위로 아래로 늘 바뀌는 것 아닌가요?

꽃이 피었다 집니다. 그러나 꽃이 피었다 져도 그 자리에 다시 꽃이 피리라는 것을 압니다.

꽃나무는 땅 속 깊숙히 뿌리를 내리고 있기 때문입니다.

살다 보면 불행한 시간들이 있습니다.

그럴 때도 곧 행복해지리라는 것을 믿어야 합니다.

우리는 행복에 뿌리를 내린 존재들이기 때문입니다.

이미 이 세상에 왔다는 것 자체가 작은 의미가 아닙니다.

우리는 이미 행복한 사람이기에 지금 여기에 와 있습니다.

불행에 머리 숙일 일이 아닙니다.

그리고 실의와 좌절에 끌리어 갈 일도 아닙니다.

내가 행복한 사람이라는 것을 자신에게 자주 말해주어야 합니다.

그래서 스스로 행복한 존재라는 것을 확신하게 될 때, 불행은 지나가는 사소한 것에 지나지 않게 됩니다.

아침에 일어나면 미소를 지으십시오.

그리고 가볍게 콧노래라도 흥얼거리십시오.

불행은 이미 지나가 버렸기 때문입니다.

설사 또 오늘 불행이 찾아온다 하더라도 그 불행 역시 지나가 버릴 것입니다.

오직 행복만이 내 곁에 있다는 것을 확인하는 하루였으면 좋겠습니다.

자신을 지켜내는 일

행복해서 웃는 것이 아니라 웃어서 행복해진다는 말을 떠올립니다.

그러고 보면 마음이 얼마나 중요한가를 알 수가 있습니다.

가끔 우울하고 짜증나는 것도 마음이고, 즐겁고 유쾌한 것도 마음입니다.

그런 마음이 내 안에 있는데 우리는 그 마음을 어쩌지 못합니다.

어쩌다 안 좋은 소식을 듣게 되면 한 번만 참으면 됐을 걸, 하고 혀를 차지만 그 순간의 마음도 어쩌지 못하는 것이 우리들의 한계입니다.

그런 많은 한계를 지니고 있는 우리들이기에 삶이 행복하지 않습니다.

잦은 경계에 발 걸리는 우리들의 한계.

그 한계를 벗어나기 위해서 우리는 우리의 마음을 믿어야 합니다.

우리들의 마음은 한없이 넓고 크다는 것을.

그렇게 마음을 신뢰하는 순간 우리가 만나는 모든 것들은 우리 마음의 작은 부분이 됩니다.

세상 모든 것들을 마음의 작은 부분으로 만들 수 있는 사람은 언제나 행복합니다.

그 어떤 것에도 맑고 푸르게 자신을 지켜낼 수 있으니까요.

행복한 세상

나는 당신이 실패할까 봐 두려운 것이 아니라, 잘못된 길에서 성공할까 봐 두렵다.

아침에 인력공사 앞을 지나 왔습니다.

그곳을 지나며 나는 유심히 보았습니다.

6시가 조금 지난 시각, 환한 형광등 불빛 아래 사람들이 무리지어 서 있거나 앉아 있었습니다.

그들의 어두운 삶을 마치 이곳에 와 불을 밝히려는 듯이 말입니다.

그중 누군가는 일거리를 찾아 나설 테고, 또 누군가는 처진 어깨로 다시 어두운 집을 향해 돌아가야만 합니다.

삶이 참 많이 무겁고 어려운 것이라는 생각이 듭니다.

그러고 보면 세상에는 참 어렵고 쓸쓸하게 살아가는 사람들이 많이 있습니다.

세상은 이렇게 발전했지만 가난한 사람들은 더 큰 가난과 마주하고 있습니다.

발전이 일부에게는 태양빛을 선물했는지는 모르겠지만, 또 다른 일부에게는 더 깊은 어둠을 남겼습니다.

모두가 행복하지 않은 세상은 씁쓸합니다.

모두가 행복한 세상, 이것은 이룰 수 없는 꿈일까요.

낙엽 같은 그 삶들의 부유가 이 세상 안에서 따뜻하게 정착하기를 기도합니다.

아름다운 손

어머니는 언제나 손이 크셨습니다.

남에게 무언가 나누어줄 때 그 손은 아주 큰 손이 되고는 했습니다.

자식들에게 사랑을 베풀 때 그 손은 그 어느 때보다도 커졌습니다.

작지만 큰 손, 그것은 어머니의 손이었습니다.

이제 내 손은 어머니의 손보다 훨씬 커져 있습니다.

어머니 손의 두 배쯤 되는 것 같습니다.

그러나 내 손은 자꾸 작아집니다.

무언가 나눌 때 작아지고 자신을 향해서만 커지는 것 같습니다.

남에게 작아지고 자신에게는 커지는 손.

이 손의 크기가 의미 없다는 생각이 듭니다.

다시 사랑하는 법을 배워야 한다는 것을 내 손은 내게 일깨워줍니다.

내 손도 자신을 부끄러워합니다.

그 부끄러움에도 불구하고 내 손은 여전히 남에게 다가설 때는 조막손에 지나지 않습니다.

이기심이 사랑보다 크기 때문입니다.

어두운 이기심을 버리고 사랑의 밝은 빛을 손에 가득 쥘 수 있다면 내 손은 아마 무한히 커질 것입니다.

내게 작고 남에게 큰 손.

그것이 손의 행복일 것입니다.

관심이 건네는 선물

단출한 기쁨이 생활의 전부가 될 수 있다는 것을 알아버린 사람의 삶은 언제나 행복합니다.

감동은 관심의 아름다운 기록입니다.

관심이 없다면 감동은 결코 찾아오지 않습니다.

관심은 모든 것이 살아 있음을 일깨워줍니다.

그리고 우리가 어떻게 존재하는가를 알게 합니다.

경계가 사라진 대상과의 일체는 관심이 건네는 선물입니다.

무아의 자리에 서보십시오.

그 자리에서 만나는 삶의 감동은 얼마나 행복한 것이겠습니까.

감동으로 눈뜨고 감동으로 눈 감은 삶을 살고싶다면 만나는 모든 것들을 향해 관심을 가질 일입니다.

그것이 또한 자비의 삶입니다.

단출한 삶이 건네는 기쁨 역시 관심에서 옵니다.

내 곁에 있는 모든 것들.

그리고 내가 만나는 모든 것들을 향해 관심을 가질 때, 비로소 삶이 언제나 기쁨으로 빛나는 보석인 것을 알게 됩니다.

지치고 힘든 그 순간에도 눈을 감지 마십시오.

눈을 뜨고 자비의 마음으로 하나하나 바라보십시오.

그때 그대는 행복과 만나게 될 것입니다.

봄비

어떤 사람은 슬픔을 딛고 일어서고, 어떤 사람은 슬픔 밑에 깔린다.

봄비가 옵니다. 이제 겨울은 끝났다고 봄비가 옵니다.

밤새 빗소리를 들었습니다.

내 가슴에도 해빙의 온도가 따뜻하게 밀려왔습니다.

모든 것은 시작과 끝이 있습니다.

그래서 새로운 시작 또한 가능합니다.

끝났다고 절망할 일은 아닙니다.

그것은 곧 새로운 시작이기 때문입니다.

낙담하지 않으면 용기를 그리워 할 수 없고, 절망하지 않으면 희망 또한 만날 수가 없습니다.

낙담과 절망까지도 배척할 일은 아닙니다.

그것은 치유되어야 할 대상일 뿐입니다.

낙담과 절망을 치유할 때 비로소 용기와 희망은 자라납니다.

낙담과 절망을 배척할 때 낙담과 절망은 오히려 더 깊어지는 것인지도 모르겠습니다.

그러고 보면 이 세상 그 무엇도 배척해야 할 것은 없습니다.

다만 상처를 치유하고 원한은 풀고자 하는 간절한 마음이 필요할 뿐입니다.

그때 비로소 상처에도 새 살이 돋고, 화해가 싹트는 기쁨을 발견할 수가 있습니다.

봄비가 옵니다.

겨울이 끝났다고 그리고 봄이 시작된다고.

이 봄비 속에서 끝은 다시 시작이라는 아름다운 빗소리를 듣습니다.

행복한 집

웃음소리가 나는 집엔 행복이 들여다보고, 고함소리가 나는 집엔 불행이 와서 들여다본다.

웃음소리가 떠나지 않는 집이 있습니다.

가족들이 모여앉아 웃기 시작하면 그 웃음소리는 어둠이 깊고서야 그칩니다.

행복한 집입니다.

할아버지는 아버지를 염려하고, 아버지는 자식을 보살피고, 어머니는 하루 내 허리 펼 시간이 없는 하루를 보내셨지만 언제나 행복한 미소를 지으셨습니다.

부엌 아궁이에는 언제나 불이 지펴져 있고, 부뚜막에 걸린 가마솥에는 언제나 물이 끓고 있는 풍경의 집.

혼자 밥을 먹으면서 그런 집의 풍경을 떠올려보았습니다.

사람이 행복한 것은 함께 살아가기 때문입니다.

외로울 때면 안부를 물을 친구가 있고, 허전할 때면 찾아뵐 부모가 계시다는 것은 행복입니다.

지금 우리는 너무 뿔뿔이 흩어져 살고 있습니다.

그 거리만큼 마음 역시 소원합니다.

그리고 고립된 시간 속에서 쉽게 적응하며 살고 있습니다.

그래서 삶의 온기를 느낄 수가 없습니다.

사람의 정을 잃어버리면 그 자리에 불행이 찾아옵니다.

불행을 지우는 길은 사람의 정을 함께 나누는 것입니다.

가족이 있는 아름다운 풍경의 집이 문득 그립습니다.

버림과 놓음

언제나 이 사실을 마음속에 지니세요.

행복하게 살기 위해서 정작 필요한 것은 아주 적습니다.

요구가 적을 때 마음은 편합니다.

안빈낙도의 즐거움이 괜한 말은 아닙니다.

무욕한 삶의 즐거움은 맑습니다.

그 맑음은 우리들에게 행복을 건네줍니다.

그러나 요구가 많아질 때 우리 마음의 편안함은 사라집니다.

많은 요구는 만족을 모르기 때문입니다.

살아가면서 배운 것 중의 하나는 마음이 편안할 때, 행복을 만난다는 것입니다.

좋은 집에 살고 좋은 차를 사는 것은 잠시 기쁨이기는 하겠지만 행복은 아닙니다.

행복은 소유와 성취로는 만나기가 어렵습니다.

버림과 놓음에서 행복은 찾아옵니다.

그리고 행복은 마음의 맑은 여백에서 자라는 꽃이기도 합니다.

살면서 바라는 바를 하나씩 줄여보십시오.

그러면 잡다한 것으로부터 벗어난 마음을 만나게 됩니다.

마음의 청정성 그리고 그 무욕함이 바로 행복이라는 소식을 전합니다.

사랑을 위한 하루

하루의 생활을 다음과 같이 시작하면 좋을 것이다.

아침에 눈을 떴을 때 오늘 단 한 사람에게라도 좋으니, 그가 기뻐할 만한 무슨 일을 할 수 있을까.

아침에 눈을 뜨면 가만히 앉아 부처님 모습 떠올립니다.

오늘 하루 부처님 기뻐하는 삶을 살겠다고 발원합니다.

부처님 온 세상을 향해 자비의 걸음을 옮기고 있듯이, 그렇게 그 걸음의 뒤를 좇아 부처님과 동행하겠다고 자신에게 속삭입니다.

부처님 삶 속에는 우리 모두의 삶의 비원이 담겨 있습니다.

부처님의 자비는 그 비원을 향한 끝없는 사랑입니다.

우리들의 비원이 성취될 때마다 부처님 기뻐하실 겁니다.

오늘 부처님 기뻐하시는 삶의 모습을 그리는 것은 내게도 기쁨입니다.

착하고 어질게 그리고 일체의 악을 행하지 않고 오직 맑은 뜻으로만 살겠다고 발원합니다.

누군가 기쁘게 해드릴 존재가 있는 사람은 행복한 사람입니다.

가장 사랑하는 사람의 기쁨을 위해 하루를 살겠다고 발원해보십시오.

그러면 당신은 그 순간, 부처님의 마음을 만날 것입니다.

산수유 아래서

오래오래 행복해지려면 매일 행복해질 수 밖에 없다.

아파트 정원에 핀 산수유를 보았습니다.

도심지 아파트 정원에 핀 산수유는 조금 슬퍼보였습니다.

산과 바람소리가 그리워서 였을까요.

산수유에서 그런 그리움 같은 것을 보았습니다.

지리산 자락에 살 때 내 생애에 가장 따뜻한 산수유를 보았습니다.

그때 산수유에는 따뜻한 이야기들이 배어 있는 것만 같았습니다.

투명한 햇살과 맑은 바람의 이야기들이 산수유 속에 숨어 있는 것만 같았습니다.

날마다 햇살과 바람의 이야기로 꽃잎을 여는 산수유꽃은 행복해보였습니다.

탈탈탈거리며 우체부가 오는 시간을 나는 산수유 아래서 맞았고, 탈탈거리며 내려가는 우체부 아저씨에게 인사를 건넨 곳도 산수유 아래서 였습니다.

그리고 먼 곳으로부터 온 편지를 몇 번이고 읽고, 긴 편지를 쓴 곳도 산수유 아래였습니다.

그해 봄 나의 시간은 산수유였습니다.

산수유처럼 그렇게 따뜻하게 미소 짓는 시간이었습니다.

그리움이 있었고 기다림이 있었던 시간.

산수유가 있어 그 시간이 행복했습니다.

꽃 하나에도 행복해지는 가슴.

이런 가슴의 시간들이 아주 오래 이어졌으면 좋겠습니다.

행복한 꿈

그대의 꿈이 한 번도 실현되지 않았다고 해서 가엾게 생각해서는 안된다.
정말 가여운 것은 꿈을 꿔보지 않은 사람들이다.

어린시절 내 꿈을 생각해봅니다. 무엇이었더라.

아버지는 내게 장군이 되라고 하셨습니다.

아버지는 장군이 대통령이 되는 시대를 사셨기 때문입니다.

하지만 농담처럼 말씀하셨지 강요하지는 않으셨습니다.

어머니는 내게 무엇이 되라고 말씀하신 적이 없으셨습니다.

그냥 착하고 어질게 살라고 말씀하셨을 뿐입니다.

나는 어려서 농부가 되고싶었습니다.

그것은 국어책에서 읽은 글 때문이었습니다.

농부 형제가 서로 볏단을 지고 가다 달 밝은 밤에 만난 이야기 말입니다.

그러고 보면 내 꿈은 따뜻한 꿈이었습니다.

어렸을 땐 그런 따뜻한 삶의 풍경들이 좋았습니다.

그런 꿈에 대한 기억은 여전히 내게 남아 있습니다.

그러다 나이가 들어서는 평화롭고 싶었습니다.

산사에서 풍경소리를 들으면 무척 고요해졌습니다.

그리고 스님과 함께 길을 걸어가면 그냥 그를 따라 한없이 길을 걷고만 싶었습니다.

그러다 정말 그 길에 들어 지금도 걸어가고 있습니다.

꿈의 길입니다. 꿈을 간직한 채 걸어가고 있는 지금 행복합니다.

이 꿈은 내 삶이 다하고 난 자리에서도 여전히 남아 있을 것만 같습니다.

5월의 인사

당신 스스로 행복하다고 말해보세요.

그러면 더 큰 행복이 당신을 찾아올 거예요.

당신이 좋은 일만 생각한다면 당신의 인생은 보다 멋진 인생이 될 거예요.

안녕. 아침에 일어나 하늘과 꽃들을 보고 인사합니다.

그때 내 마음에 햇살 한 줌이 내려앉습니다.

햇살 한 줌이 내 가슴에 곱게 무늬져 번지는 것을 봅니다.

조급해하지 말기, 안달하지 말기, 그리고 조용히 웃음짓기.

그렇게 마음을 먹은 순간부터 햇살은 투명하게 내게 왔고, 꽃들은 내게 다가와 손을 내밀었습니다.

마음이 고요해지고 넓어지면서 손 없고 말 없고 표정 없는 모든 것들의 손을 보았고 미소를 보았습니다.

그 순간 많은 것을 느꼈습니다.

세상에는 눈으로 볼 수 없는 것이 많이 있다고, 그리고 세상에는 마음으로만 볼 수 있는 많은 것들이 있다는 것을 알게 되었습니다.

마음이 비로소 내 세계에 구체적인 눈으로 다가온 것입니다.

행복합니다.

마음이 눈을 열고 세상의 아름다운 것들을 담는 이 시간의 방문이 행복합니다.

크고 웅대한 것이 아니라 작고 사소한 것들의 이야기를 들을 수 있는 마음의 귀가 열려 행복합니다.

5월 첫날, 나는 다시 내게 인사를 건넵니다.

안녕, 내 안의 귀와 눈이 모두 열려 환하게 미소짓습니다.

5월을 향해 인사를 건네십시오.

안녕, 5월. 그러면 5월은 꽃이 되고 햇살이 되어 그대 가슴에 행복의 화원을 가꾸어갈 것입니다.

추억 속의 풍경

요즘 나는 가끔 어린아이들에게 구슬이나 그림 딱지를 나누어주곤 한답니다.

정이 있어야 삶은 비로소 따뜻해집니다.

정이 없다면 인생이 얼마나 삭막할까요.

어릴 적 생각이 납니다.

자정 넘어 제사를 마치고 늦은 시간에도 아랫집, 윗집 잠 깨워 함께 제사 음식 먹던 날들이.

그때는 그랬습니다.

누구네 집 제사가 있다고 하면 늦게까지 잠들지 않고 있다가 그 늦은 시간에도 함께 음식을 나누고는 했습니다.

음식을 들고 가는 길, 어두워도 참 신이 났습니다.

어디 음식뿐이겠습니까.

아랫집, 윗집 없이 가서 밥 먹고 잠자고 함께 얘기하던 너나들이의 시절이 지금 생각해도 즐겁기만 합니다.

그렇게 가까웠던 것이지요.

아무런 경계와 벽이 없이도 살았던 그 시절.

정이 하늘의 별만큼이나 반짝거렸던 시간이었습니다.

그러나 지금 이웃들은 너무 멀리 있습니다.

집과 집 사이의 거리는 더 가까워졌지만 마음과 마음은 더욱 멀어졌고, 집과 집 사이의 벽도 그만큼 견고해졌습니다.

이 먼 거리가 문득 삭막합니다.
무엇을 하나 건네고자 해도 그 마음과 손길이 닿지 않습니다.
삶의 온기가 그립습니다.
정이 있어 따뜻했던 그때가 못내 그립습니다.

차나무의 미소

최고의 약은 명랑과 쾌활이고, 최고의 음악은 아이의 웃음소리다.

차밭을 거닙니다. 햇살이 따뜻합니다.
그러나 차나무는 냉해를 입어 잎이 아직 채 나지도 않았습니다.
작년에 가지를 친 것이 문제였다고 합니다.
하지만 연초록 새 잎이 간간이 보이기도 합니다.
그것이 마치 차나무의 미소처럼 다가옵니다.
새 잎을 보는 순간 차나무의 미소를 만난 것입니다.
차나무의 미소를 처음 본 것입니다.
차나무의 미소를 보며 바람의 미소도 보고싶었습니다.
나는 눈을 감고 가만히 해풍을 느껴보았습니다.
바다를 달려온 바람의 표정에는 온통 푸른 웃음이 가득합니다.
나는 그 푸른 웃음의 결 속에서 마구 푸르러지는 내 모습을 발견했습니다.
순간 나는 의문이 들었습니다.

나는 있는 것인가, 없는 것인가.

있는 것 같기도 하고, 없는 것 같기도 합니다.

그냥 바람의 결이 되어 흐르고 있는 것만 같습니다.

그것은 즐거운 흔들림이었습니다.

가끔씩 무언가를 진정으로 느끼게 되면 자신의 존재가 사라지는 것을 느낄 수가 있습니다.

존재의 무게가 사라짐을 실감한다는 것은 즐거운 일입니다.

그러나 슬픔에 빠져 자신을 잊지는 마십시오.

슬픔 속에서 자신을 잊는 것은 고통이 되기 때문입니다.

차밭에는 차나무의 미소와 해풍의 푸른 미소가 햇살처럼 반짝입니다. 그 속에서 나는 즐겁습니다.

바뀐 것은 없다

바뀐 것은 없다. 다만 내가 달라졌을 뿐이다.

내가 달라짐으로써 모든 것이 달라진 것이다.

해질녘 절집 추녀 밑 하얀 의자에 앉아 노적봉을 바라봅니다.

새가 울고 풍경이 웁니다.

그러나 그 울음에는 슬픔이 없습니다.

그냥 고요하고 편안합니다.

분별의 경계가 사라진 그 자리는 고요한 평화입니다.

사람들이 모두 떠나고 고요만이 남은 산사.

발 아래는 하얀 화분 안에 꽃들이 피어 있습니다.

눈을 감으면 바람에 꽃 향기가 실려오고, 풍경소리가 평화의 무늬를 둥글고 크게 그려나가는 것을 느낄 수가 있습니다.

마음이 참 평화롭습니다.

그 순간 나는 더 이상 분별하고 화내던 내가 아닙니다.

그냥 풍경이나 바람이 됩니다.

내 몸이 느껴지지가 않습니다.

그리고 세상 모든 것이 사랑의 다른 이름이라는 것을 느끼게 됩니다.

고맙고 고마운 세상 속, 풍경소리를 울리며 내가 걸어갑니다.

고요

이른 아침, 도량에 나가 나무의 안부를 묻습니다.

춥지, 하고 묻는 안부에 나무는 아주 익은 미소로 고개를 끄덕입니다.

깊이 익은 나무의 미소.

이미 마음이 고요를 이룬 나무에게 추위나 더위는 분별에 지나지 않습니다.

고요는 그렇게 모든 것을 이기는 잔잔한 힘입니다.

'세상 사람들은 재물을 귀히 여기나 나는 고요를 귀히 여기네.

재물은 사람의 마음을 많이 산란하게 하나, 고요는 진여의 성품을 드러내네.'

나는 나무에게 이 게송 하나를 읊어주었습니다.

추우면 춥다 더우면 덥다 말하는 내 마음의 분별이 싫습니다.

밉고 고운 감정이 있어 부딪치고, 좋고 싫은 것이 있어 집착하는 내 인생은 아직 하류입니다.

나무처럼 그렇게 깊은 고요를 지니고싶습니다.

날이 추워지는 이 아침에 그 고요가 더욱 더 간절합니다.

마음의 조건

잘될 거다 잘될 거다 생각하며 삽시다.

길은 언제나 생각을 따라가기 때문입니다.

행복할 거다 행복할 거다 생각하며 삽시다.

그러면 행복해질 테니까요.

행복과 친숙한 사람은 불행과 멀고, 불행과 친숙한 사람은 행복과는 멉니다.

그래서 행복은 지척에 있는 행복한 사람을 찾아가고, 불행은 지척에 있는 불행한 사람을 찾아갑니다.

행복한 사람이 늘 행복하고, 불행한 사람이 늘 불행한 이유입니다.

마음을 늘 행복에 맞추는 일이 중요합니다.

설사 불행한 상황일지라도 그것을 긍정적으로 읽어낼 수 있을 때 불행은 사라져가게 됩니다.

모든 것은 다 조건을 따라 찾아온 것이기 때문입니다.

그 모든 조건 가운데 마음보다 중요한 조건은 없습니다.

마음이 가장 큰 조건입니다.

마음이 긍정적이고 행복을 향해 있을 때 고난과 불행은 사라져가기 때문입니다.

행복하다 행복하다 속삭이며 아침의 창문을 여십시오.

그러면 햇살처럼 쏟아지는 행복과 만나게 될 것입니다.

살아가는 데 꼭 필요한 것

병원에 입원해 있을 때였습니다.

가만히 생각해보았습니다.

'살아가는 데 정말 이렇게 많은 것이 필요한 것일까.'

필요치 않은 것들이 너무 많았습니다.

그 필요하지 않은 것들을 위해서 인생을 소비하고 있습니다.

삶이 조용하고 평화롭기 위해서는 그런 무망한 삶의 몸짓들을 멈추어야 합니다.

정말 필요한 것만 취하고 불필요한 것들은 그냥 지나치는 무욕한 삶의 단순함이 필요합니다.

가진 것이 많으면 많을수록 우리의 삶은 그 무게에 지치게 됩니다.

좋은 집, 좋은 물건은 아름다운 것이 아니라 내 소중한 시간과 육신의 소진을 통해 얻은 것에 지나지 않습니다.

우리들 시간과 마음은 우리들의 평화와 행복을 밝히는 가로등입니다.

지금 행복으로 가는 가로등의 불빛은 환한가요?

소유를 위해 그 소중한 가로등을 다 꺼버린 것은 아닌가요?

지금부터는 행복으로 가는 길의 가로등 불빛을 하나씩 밝히기를 바랍니다.

생존의 가르침

백두산을 오르는 길, 비바람이 불었습니다.

굽이굽이 돌 때마다 눈 앞에 다가서던 고산화의 그 안쓰러운 몸짓들. 꽃들은 땅에 바짝 엎드려 흔들리고 있었습니다.

허리 꺾이지 않고 그나마 흔들릴 수 있는 것은 작은 키 때문이었습니다.

만일 키가 컸다면 꽃들은 허리가 꺾이고야 말았을 것입니다.

꽃들은 생존의 가르침을 하나하나 받아들이고 있는 것처럼 보였습니다.

'키를 돋우지 마라. 바람이 불면 바람의 방향을 따라 흔들려라.'

꽃들은 작은 키로 흔들리는 그 순간에도 생존의 기쁨을 만나고 있는 것만 같았습니다.

꽃들은 내일 또다시 바람에 즐겁게 흔들릴 것입니다.

우리들 사는 세상에도 바람은 언제나 불고 있습니다.

백두산의 바람보다도 더 세게 불어오고 있는지도 모르겠습니다.

헛된 욕망을 키우고 겸손을 잃은 무지를 자랑하며 살 일은 아닙니다.

사바에 부는 바람은 언젠가는 부질없는 욕망과 거만을 모두 날려버릴 것입니다.

살아 있음으로 충분히 기쁜 오늘을 맞을 수 있다면 우리는 진정 행복한 존재입니다.

키를 낮추어야 합니다.

욕망과 거만의 키를 낮추고 겸손과 섬김, 그리고 사랑이라는 보배를 건져 올리십시오.

이뭐꼬

비가 옵니다.

툇마루에 앉아 빗소리를 듣습니다.

추녀를 타고 내린 빗방울이 내 마음에 떨어집니다.

똑 똑 똑! 목탁소리 같습니다.

내 마음이 일어나 앞산을 향해 절하고 있습니다.

물방울 목탁소리가 마음에 울릴 때마다, 마음은 청산을 향해 절하고 앉습니다.

청산은 무언의 설법을 합니다.

마음은 절하고 앉아 그 말씀을 듣습니다.

들리나 들리지 않는 그 말씀을 잡고 마음은 궁금합니다.

'이뭐꼬.'

마음은 이제 물방울 목탁소리가 다가올 때도 일어나 절하지 않습니다.

다만 청산이 던진 법문 한마디만을 들고 앉아 있을 뿐입니다.

마음은 이제 소리도 잊었습니다.

마음은 움직임도 잊었습니다.

마음은 청산도 잊었습니다.

청산은 있으나 없고, 소리는 들리나 그친 것이 되었습니다.

고요, 그것은 태어나기 이전의 모습입니다.

지금의 모습은 잠깐의 그림자가 되어 스치고 지나갑니다.

백 년이 잠깐인 듯 지나갑니다.

빗방울 하나, 그 고요 위에 조심스럽게 떨어집니다.

백 년 길손의 발걸음이 그 자리를 찾아가려나 봅니다.

마음이 열어가는 길

모든 것은 마음먹기에 달려 있다.

나쁜 마음으로 말하거나 행동하는 사람에게는 괴로움이 늘 따라 다닌다.

반대로 깨끗한 마음으로 말하거나 행동하는 사람에게는 행복과 보람이 늘 따라 다닌다. — 법구경

길은 언제나 마음이 열어갑니다.

아름다운 마음은 아름다운 길을 열어가고, 거친 마음은 거친 길을 열어갑니다.

우리가 만나는 모든 사람들, 그리고 우리가 만나는 모든 풍경들은 우리들의 마음을 따라 변해갑니다.

행복과 보람을 만나는 것 역시 우리들의 아름다운 마음의 길을 따라갈 때 가능합니다.

살아가면서 아름다운 마음 하나 간직하는 일보다 중요한 것이 있을까요?

우리 마음속의 기쁨과 행복 그리고 감동과 눈물은 모두 아름다운 마음이 건네는 열매입니다.

내 마음에 열린 열매 하나를 바라봅니다.

탐스럽고 예쁘고 또 향기롭습니다.

그 열매를 누군가와 나누고싶습니다.

좀 더 풍성하게 내 마음의 열매가 열린다면 보다 큰 나눔의 기쁨과 만날 것입니다.

출가

출가는 마음에 애욕을 끊는 것입니다.

삶은 날마다 행복을 만나기 위한 것입니다.

괴롭고 힘들 때면 이 구절들을 기억합니다.

그러면 고통도 슬픔도 행복을 만나러 가는 과정이라고 생각하게 됩니다.

꼭 행복할 거라고 믿으면 행복해지는 것이 삶의 법칙입니다.

출가를 하면서 이 길이 행복을 찾아가는 길이고, 이 길을 걸으면 꼭 행복을 만날 거라고 믿고 있습니다.

그래서 오늘도 출가하고자 노력합니다.

망설이지 않고 마음의 애욕을 버립니다.

삭발하며 깎여 내리는 머리카락을 봅니다.

출가자로 사는 나날이 좋습니다.

산과 마주한 자리. 물소리에 마음을 씻는 자리.

부처님의 미소 속에서 적정을 얻는 자리.

이 자리에서 나는 날마다 출가를 하고싶습니다.

설레임

설레임은 소박한 꿈을 가진 사람들의 것입니다.

작고 소박한 기대와 바람이 있을 때 설레임은 찾아옵니다.

누구나 이런 기억이 있을 겁니다.

연모하는 사람이 지나다니는 길목에 서서 기다리던 시간의 설레임.

누군가 보낸 선물을 받기 위해 기다리던 날들의 설레임.

입사 시험을 보고 합격통지서가 오기를 기다리던 순간들의 설레임.

그리고 어려운 형편에 알뜰살뜰 돈을 모아 여행을 떠나기 위해 기다리던 날들.

목소리 하나 꽃 한 송이에도 설레이는 가슴을 지닌 사람은 참 마음이 맑고 소박한 사람들입니다.

소박한 꿈은 소박한 마음에서 피어납니다.

마음이 소박함을 잃고 탁해지면, 작고 예쁜 꿈은 그 마음자리를 떠나고 설레임 또한 사라져버립니다.

우리 가슴에 설레임이 있는가 살펴볼 일입니다.

설레임이 없다면 마음의 소박함을 찾기 위해 기도해야만 합니다.

느림의 미학

길을 걷다 걸음을 멈추고 은행잎을 바라볼 줄 아는 사람은 행복한 사람입니다.

길을 가다 멈추어 서서 어린아이의 미소를 바라볼 수 있는 사람은 행복한 사람입니다.

누군가 무거운 짐을 지고 갈 때, 슬며시 보따리 하나를 같이 들어줄 수 있는 사람은 행복한 사람입니다.

바쁘게 앞만 보고 걸어가지 마십시오.

앞에는 행복이 없습니다.

행복은 어쩌면 옆이나 지나온 길 위에 더 많이 있을지도 모릅니다.

앞에는 오직 성취의 욕망만이 있는 것은 아닌가요.

그것을 행복인 양 쫓아가면 불행이나 허무를 만나게 될 것입니다.
조금 더디게 가는 당신의 발걸음에 배려와 연민이 배어 있습니다.
조금 더딘 그 행보 속에서 행복의 씨앗들은 푸르게 발아합니다.
길을 걷다 멈추어 서서 단풍을, 은행잎을 바라볼 일입니다.
그리고 감탄할 일입니다.
그 순간 당신은 행복한 사람이 될 테니까요.

집중

산을 오르다보면 그냥 내려가고 싶을 때가 있습니다.
지치고 힘든 그 순간 나는 내게 말합니다.
'정상에 오르겠다는 생각을 버리고 걸음에 집중하라고…….'
걸음에 집중하다보면 산길과 내가 하나가 된 것 같은 느낌이 듭니다.
집중은 산을 오른다는 고역에서 나를 벗어나게 합니다.
그 순간 산은 더 이상 대상이 아닙니다.
오르는 사람도, 올라야 할 산도, 모두 없어져버리고 맙니다.
산도 나도 없어진 자리에서 맞는 평온.
그 평온이 내게 깊은 진리 하나를 일깨워줍니다.
분별심이 사라지면 고통 역시 사라진다는 진리가 그것입니다.
그냥 오른다는 생각 없이 산길을 올라보십시오.
그리고 정상에 대한 생각 없이 그저 걸음에 집중해보십시오.

그 순간 걸음은 수행이 되고 행복이 되는 것을 알 수가 있을 겁니다.

웃음

차를 타고 오면서 혼자 웃었습니다.

너무 열심히 웃어서 즐거웠습니다.

웃기는 것도 없는데 그냥 웃었습니다.

웃으니까 마냥 즐거워지더군요.

혼자서 내게 말했습니다.

즐겁지, 행복하지, 하고 말입니다.

그러자 내 깊은 안에서부터 웃음이 꽃처럼 피어올라 왔습니다.

오늘 하루도 왠지 좋을 것만 같았습니다.

설사 조금 안 좋은 시간이 찾아와도 그냥 웃을 수 있을 것만 같았습니다.

가끔 혼자서 그냥 좋을 거라고 생각을 해보십시오.

그러면 여러분도 역시 마음 깊은 곳으로부터 밝게 차올라오는 웃음과 만날 수가 있을 겁니다.

한참을 웃고 나니까 몸도 마음도 아주 가볍고 상쾌해졌습니다.

오늘 아침 결심했습니다.

아침마다 실컷 한 번씩 웃자고. 그냥 웃고자 하면 웃을 수 있는 것이 우리니까요.

오늘 아침 확인했습니다.

우리는 웃음이 바탕인 존재라고.

웃기 위한 존재가 '우리'라는 사실을 잊지 않고 살았으면 좋겠습니다.

마음 모으기

마음을 모읍니다.

흐트러진 세상에 살면서 마음을 모읍니다.

마음을 모으며 행복과 만납니다.

마음이 흩어져 있을 땐 보이지 않던 행복이 마음을 모으자 제 모습을 드러냅니다.

행복은 고요한 마음 자리에 피는 꽃입니다.

행복은 정갈한 마음 자리에 제 모습을 비추는 햇살입니다.

마음을 모으기 전에는 불행의 모습만을 보았습니다.

마음이 흩어져 있는 자리에는 어지럽게 불행의 모습만이 있을 뿐입니다.

경쟁하는 사람들 속의 나.

소리치고 웃던 그 시간 끝의 허탈함.

그토록 열심히 찾아 헤매던 부와 명예의 거짓들.

마음을 모으기 전에 내가 찾아 헤매던 모든 것들은 행복이 아니었습니다.

그것은 허공 중의 꽃과 같이 부질없었고, 물거품처럼 덧없는 것이었습니다.

오랜 회오리바람 속에 지친 나를 끌고 나와 산사의 바위에 올라앉아 마음을 모읍니다.

호흡을 한 번 하고 내쉴 때마다 온 우주가 내게 들어왔다 나갑니다.

온 우주가 들고 날 때마다 나는 늙은 담장처럼 허물어져갑니다.

그러다 내가 자취도 없이 사라져버립니다.

그 자리에서 나는 순간 행복을 보았습니다.

내가 없는 자리 그 자리에 핀 꽃을 그대에게 전하고 싶습니다.

미소

미소는 존재의 표정입니다.

더는 아무것도 바라지 않고, 더는 집착하지 않는 사람의 표정이 미소입니다.

미소를 짓고 있는 순간은 그래서 이 세상 가장 행복한 순간이기도 합니다.

미소는 모든 것을 다 이해한다는 마음의 표정입니다.

그럴 수도 있다고, 꼭 그대의 잘못이 아니라고 이해하는 마음의 표정입니다.

미소는 세상의 어려움쯤 견디어 낼 수 있다는 자신감의 표현입니다.

어렵고 고된 시간 속에서도 이겨낼 수 있다는 자신감만 있다면, 우리는 미소 지을 수가 있습니다.

성내지 않고, 슬퍼하지 않고, 좌절하지 않고 미소짓기.

미소를 완성해간다는 것은 곧 삶을 완성해간다는 의미입니다.

오늘 아침 낮은 하늘 아래서도 씨익 미소 지으며 걸어가는 사람의 모습은 아름답습니다.

가을 햇살

가을 햇살이 내려와 나무에는 열매가 익어갑니다.

그런 가을 햇살이 내 가슴에 내려와 앉습니다.

한 해 두 해 그리고 많은 세월 동안 가을 햇살은 내 가슴에도 내렸습니다.

어느 가을볕이 투명한 아침.

나는 가슴의 문을 열고 나를 들여다보았습니다.

무엇이 익어 있는지 궁금했습니다.

아무것도 보이지 않았습니다.

햇살은 내 가슴에 아무것도 남겨놓지 않고 사라지곤 했던 겁니다.

나는 나무의 삶과 내 자신의 삶을 비교해보았습니다.

무엇이든 아낌없이 주는 나무의 삶이 아름답고 커보였습니다.

나무를 보면 삶이란 나눌수록 커지는 것이라는 것을 알 수가 있습니다.

햇살은 그런 나무에게만 열매라는 아름다운 선물을 남겼던 것입니다.

열매를 갖고 싶어한 것은 나의 과욕이었습니다.

열매를 갖기 전에 나무처럼 아낌없이 나누는 삶부터 살 일입니다.

나누고 또 나누는 삶을 살다 보면 햇살이 내 가슴에 내려와 열매 하나 맺어놓겠지요.

그 열매의 이름은 행복, 아닐까요?

그날을 기다리며 나무처럼 살아가고만 싶습니다.

겸손해지는 연습

행복은 좋은 일이 생기기를 기대하지 않고, 자신에게 일어난 일에 대해 그냥 감사하기만 하는 것이다.

삶이 겸손해지면 세상 모든 것이, 그리고 만나는 모든 시간이 새로워집니다.

삶의 자세를 낮추고 살아갈 수 있다면 이 세상 모든 것이 기쁨으로 다가오기 때문입니다.

가끔 나는 겸손해지는 연습을 합니다.

화나는 일이 생겨도, 누구와 다툴 일이 생기는 순간에도 아, 나는 겸손한 사람이지 하고 자신에게 되뇌어 봅니다.

그러면 분노라는 급류에 휩쓸려가다가도 정신이 번쩍 드는 것을 느낄 수가 있습니다.

그 순간 나는 언제 그랬냐는 듯이 상대를 향해 머리를 숙이게 됩니다.

이처럼 거짓말 같은 이야기가 점점 현실이 되어가고 있는 것을 목격하고 있는 중입니다.

아마 조금 더 수행이 지속되면 곧 내 마음속 감정의 조류를 다스릴 수가 있게 될 것도 같습니다.

자신을 향해 말을 건네보십시오.

나는 겸손한 사람이라고.

그러면 여러분은 겸손한 사람이 될 것입니다.

세상은 마음먹기 나름이니까요.

우리가 찾는 행복

하늘하늘 걷다 보면 어느새 걸음이 하늘에 이른 느낌이 듭니다.

아무 생각 없이 그리고 쫓기지도 않고 그냥 느긋하게 길을 걸어보십시오.

그리고 걷는다는 사실까지도 잊어버리십시오.

그 순간 대지와 일체가 되고 하늘과 하나가 되는 당신을 만날 수가 있습니다.

하늘이 되고싶다면 그냥 자신을 놓아버리면 됩니다.

자신을 놓을 수 있을 때 하늘과 나 사이의 아득한 거리는 사라져갑니다.

거리를 지우는 것, 그래서 하나가 되는 것, 그것이 우리가 찾는 행복입니다.

우리는 언제나 자신이 있어서 외롭고 자신이 있어서 이만큼 떨어져 있습니다.

내가 사라지는 그 자리에 이르는 행복을 가을길에서 만났으면 좋겠습니다.

홍시 하나 남겨 두는 마음

추석날 아침 산에 올랐습니다.

70대의 노보살과 50대와 40대의 보살, 처사님들과 함께.

높지 않은 산이 펼쳐 보이는 풍경은 참 넓었습니다.

산이 품고 있던 끝없는 풍경의 바다.

우리는 봉수대 담에 기대어 서서 바람을 맞으며 바다를 바라보았습니다.

넓은 바다를 바라보며 우리 어떻게 살아야 하는가를 생각해보았습니다.

넓은 세상 많은 생명들이 사는 곳이기에 우리 한 사람 한 사람의 삶의 행위가 중요하다는 것을 알 수가 있었습니다.

홍시 하나 까치밥으로 남겨 두던 농부의 마음으로 살아야 한다는 것도 그 산의 정상에서 서로 느낄 수 있었습니다.

홍시 하나 남겨 두고 살아가는 마음.

그런 배려의 마음이 행복이라는 것을 우린 서로 깨달을 수가 있었습니다.

정상에서 오히려 작아지는 존재의 모습들이 참 아름다웠습니다.

마음이라는 작품

미소는 마음의 고통을 갈아낼 때 만나게 됩니다.

따뜻함은 마음속 냉정함을 베어낼 때 드러납니다.

사랑은 마음속의 미움을 지울 때 떠오릅니다.

온유함은 마음속 옹졸함을 버릴 때 다가옵니다.

장인이 도기를 빚듯 조각가가 형상을 새기듯 우리도 우리의 마음을 그렇게 만들어가야 합니다.

고통을 갈고 미움을 지우는 일을 장인이 도기를 빚듯 혹은 조각가가 작품을 새기듯 그렇게 해가야 합니다.

우리는 마음이라는 위대한 작품을 완성해 가는 사람들입니다.

그 완성을 향한 시간들이 우리의 인생이고, 그 노력들이 수행입니다.

인생의 절반 이상을 훨씬 더 산 지금 내 마음의 모습을 봅니다.

표정에 따뜻함은 있는지, 행동은 고요한지, 그리고 언어에 사랑이 배어 있는지. 아직은 내게 시간이 남아 있다는 것이 위안입니다.

살아 있음이 수행이라는 것을 다시금 생각하며 내 얼굴에 미소를 그려 봅니다.

고향의 말

귓가에 귀에 익은 말투가 머뭅니다.

타향에서 만난 내 고향의 말.

그 말꼬리가 내게 친근감을 갖게 합니다.

같은 고향 사람이라는 이유 하나만으로도 반가워지는 마음.

지역색이기보다 그 어투에 끌리기 때문입니다.

삶이 바빠지면서 우리들 마음도 참 많이 건조해졌습니다.

고향 집 우물처럼 고이던 정이 사라지고, 우리들 마음의 고향도 이미 시들어가고 있습니다.

고향의 말투 하나가 반가운 시대는 이미 지났다는 생각이 듭니다.

말투 하나에 반가워 손잡고 기꺼워하던 모습을 언제 다시 만날 수 있을까요.

고향이 고향 아닌 모습으로 변하고, 우리 역시 반가움에 손잡던 그때의 모습을 이미 잊은 것 같습니다.

삶이 따뜻했던 시간들.

그래서 고향의 말투 하나에도 고향을 느끼던 시간들.

그 시간을 다시 만날 수 있는 것은 마음의 정을 다시 일깨우는 것입니다.

보름달 같은 정 하나 가슴에 품고 살았으면 좋겠습니다.

선물

선물은 기분을 유쾌하게 합니다.

선물에 담긴 마음을 보기 때문입니다.

물건이 흔한 세상에서도 선물이 여전히 좋은 이유입니다.

난 참 많은 선물을 받고 살았습니다.

어려서부터 지금까지 내가 받은 마음의 선물은 강처럼 끊이지 않고 흐르고 있습니다.

성글어 무엇 하나 제대로 하지 못하는 내게 커다란 성장을 안겨준 것도 친구들이 건넨 마음의 선물 덕분이었고, 거친 세상 탈 없이 살아갈 수 있는 것도 어머니가 내게 남기고 간 정성이라는 선물 덕입니다.

출가를 하고 이렇게 행복한 시간과 만나는 것도 역시 도반과 선배들의 배려라는 선물의 덕입니다.

내 인생에 곱게 쌓인 많은 선물들.

모든 사람들의 사랑과 정성, 그리고 배려라는 선물로 이뤄진 내 자신까지도 내게는 선물입니다.

이제 이 선물 모두 나를 키워준 세상을 향해 선물하고 싶습니다.

행복의 등을 켜십시오

계단을 오르다 누군가의 손을 잡아주었습니다.

연로하신 분.

그 눈빛에 고마움이 고여 있습니다.

그 순간 내 마음에는 따뜻한 마음의 물결이 일었습니다.

행복했습니다.

택시를 잡다 누군가에게 내 앞에 선 택시를 양보했습니다.

바빠 보이는 사람.

그가 내게 가볍게 목례했습니다.

그 순간 내 마음에 행복한 미소가 그려졌습니다.

산길을 오르다 내려오는 사람에게 한 켠에 서서 길을 내주었습니다.

내게 손을 모아 합장을 했습니다.

그 순간 내 마음에는 고요한 풍경소리가 울렸습니다.

행복하게 사는 일.

그리 어렵지가 않습니다.

작은 착함 하나하나 행할 때 비로소 꺼졌던 행복의 불이 하나씩 켜지게 되는 겁니다.

그대 행복의 등들은 지금 얼마나 많이 꺼져 있나요.

불을 밝히고 싶다면 작은 착함들을 행하십시오.

그러면 밝게 점등되는 행복의 등불들을 만나게 될 테니까요.

별을 닮은 불빛

바다 저 먼 곳의 불 밝힌 마을을 보았습니다.

마치 바다 위에 떠 있는 별과도 같았습니다.

별과도 같은 그 불빛들을 보며 사람은 행복하게 살라고 운명 지어진 존재라는 생각이 들었습니다.

별과도 같은 그 불빛들은 행복을 당위처럼 내보이고 있었습니다.

그러나 우리는 때로 행복하고 자주 불행합니다.

우리들이 불 밝혀 놓은 불빛과 달리 행복하기보다는 불행과 더 오랜 시간을 동거합니다.

어둠 속에 서서 자신이 밝혀놓은 집의 불빛을 바라볼 일입니다.

그리고 그 불빛이 건네는 행복의 빛들을 만나볼 일입니다.

그 순간 우리 마음속에는 아련한 그리움 같은 것들이 차오르는 것을 느끼게 될 겁니다.

그것은 어쩌면 잃어버린 행복에 대한 그리움인지도 모릅니다.

가끔씩 집 밖에 서서 어둠 속에서 자기 집의 불빛을 바라보십시오.

그것만으로도 당신은 행복의 길을 잃지 않는 사람이 될 수 있습니다.

산 위에 서서

바람이 부는 아침 산에 올랐습니다.

간간히 뿌리는 비.

운무가 바다를 삼켰다 뱉어내고 또 삼켰다 뱉어내는 광경을 보았습니다.

운무가 잉태하고 출산하는 바다는 보는 이의 눈길을 잡았다 놓았다 했습니다.

나타났다 사라지는 바다.

운무가 실제고 바다는 환과도 같았습니다.

마치 꿈과 같고 환과 같고 물거품과도 같이 그 큰 바다가 다가왔습니다.

환이 실제가 되고 실제가 다시 환이 되는 세계를 본 것입니다.

산 위에 서서 바람을 맞으며 모두 날아가 환이 되는 세계를 보며 집착의 부질없음도 보았습니다.

바람은 운무만 걷어갔던 것이 아니라 내게 도사린 애착까지도 걷어갔습니다.

바람이 부는 동안 바다가 환영이 되듯이 나는 내게 환영이 되는 것만 같았습니다.

자유로웠습니다.

나는 날아 운무가 되고 바다의 물결이 되는 것만 같았습니다.

바람 부는 날 산에 올라 볼 일입니다.

그러면 바람처럼 자유로운 자신을 만날 수 있을 테니까요.

눈을 감고

눈을 감고 가을볕 아래 고추 말리는 아낙의 모습을 그려봅니다.

눈을 감고 코스모스 하늘하늘 춤추는 순간들을 떠올려봅니다.

눈을 감고 파란 하늘에 끝없이 이어지는 긴 길을 그려봅니다.

가을엔 눈을 감읍시다.

하늘 한 번 보고 눈감고, 길 한 번 걷고 눈감고, 코스모스 한 번 보고 눈을 감읍시다.

그 모습을 우리 가슴에 뿌리내려 떠나지 않게 오래오래 눈을 감고 모종을 합시다.

그래서 가을날 가슴에 모종하는 것들이 점점 자라 우리들 가슴에 행복의 열매로 익는 순간을 가슴 조이며 기다려봅시다.

가을은 그렇게 가슴이 울렁이는 시간이기도 합니다.

이유도 없이 길을 서성이게 되고, 목적지도 없이 길을 떠나게 되고, 잊었던 사람들이 문득 그리움으로 다가오는 시간입니다.

우리들 영혼이 가장 맑아지는 시간.

마음이 존재에 대하여 눈뜨는 새벽과도 같은 시간.

우리 하늘 한 번 보고 눈을 감읍시다.

그리고 나를 잊읍시다.

그래서 가을처럼 맑은 사람이 됩시다.

구름 위에서

구름 위에서 구름을 보았습니다.

구름 아래서 구름을 보았을 때 구름은 천둥을 머금은 먹구름이었습니다.

그러나 비행기를 타고 구름 위에서 보는 구름은 구름 아래서의 구름과는 다른 것이었습니다.

마치 눈동산 같았고, 아이스크림들이 곱게 모여 있는 것만 같았습니다.

똑같은 구름인데도 구름 위와 구름 아래의 구름이 이렇게 다르기만 합니다.

구름 위에서 구름을 바라보듯 삶 위에서 삶을 바라보면 어떨까, 생각해 보았습니다.

구름 위에서 구름이 아름답게 다가오듯 삶 위에서라면 삶 역시 아름답게 다가올 것만 같았습니다.

가벼워져야겠습니다.

모든 집착 모든 소유 다 놓아야겠습니다.

그래서 행복해져야겠습니다.

그러면 삶 위에서 삶을 만날 수 있겠지요.

가장 위대한 화가

자연 속에는 인간의 손이 닿지 않는 이미지들이 고이 숨어 있다.

그것을 즐길 수만 있다면 발길 닿는 모든 곳이 미술관으로 변한다.

창문 밖에 있는 숲을 봅니다.

창문은 액자가 되고 숲은 그림이 됩니다.

숲을 그림처럼 대하고 있으면 참 명작이라는 생각이 듭니다.

솔거의 그림에는 새가 날아와 앉다 죽지만, 자연이 그린 숲에는 새와 햇살이 자유롭게 날아와 앉아 놉니다.

아무도 그릴 수 없는 그림을 자연이 그리는 것입니다.

나는 가장 위대한 화가인 자연과 날마다 만나고 삽니다.

그가 그린 숲과 그가 빚은 계곡과 그의 조각품인 산과 바위들을 감상하며 아, 하고 감탄사를 연발합니다.

자연이 내게 화가로 인식되고 숲이 그림으로 다가오면서부터 나는 즐거움과 기쁨들을 날마다 만나게 되었습니다.

멀고 추상적인 것이 아니라 가깝고 구체적인 것이 된 것입니다.
먼 기쁨의 막연함을 떠나 가까운 즐거움으로 다가선 자연.
나는 마치 갤러리의 그림을 마주하듯 자연을 산책합니다.
내일은 자연이라는 화가가 내게 또 어떤 그림을 보여줄지 기대가 됩니다.

여행

이라와리 강가에 앉아 하늘을 보았습니다.
구름이 해를 가려 노을은 없었습니다.
다만 잔잔한 강의 수면 위로는 그림처럼 배 두 척이 강을 따라 흐르고 있을 뿐이었습니다.
여행을 다니다 보면 다가오는 것이 있습니다.
낯선 거리에서 낯선 사람들이 나와 똑같은 표정을 짓고 웃고 있을 때, 그 모습이 너무 사랑스럽게 다가옵니다.
마트에서 물건을 사고 나오는 사람들을 볼 때, 그리고 아이들과 함께 손을 잡고 산책하는 낯선 이국인들을 볼 때, 나는 삶의 동질성을 깨닫게 됩니다.
'아, 저들도 나와 같이 이렇게 살고 있구나.' 하는 것이 때론 위안으로 때론 감동으로 다가옵니다.
그러고 보면 여행이란 단순한 공간적인 이동이 아닙니다.
여행은 어쩌면 가슴속의 사랑을 키우고 낯설음에 대한 새로운 발견과

해석이라는 생각이 듭니다.

미안마를 다니면서 어쩌면 여행은 사랑의 확대라는 생각에 방점을 찍지 않았나 싶은 생각입니다.

가끔 외롭고 가끔 즐거운 여행길.

외로움도 즐거움도 모두 내 삶의 변주이기에 따뜻이 품을 수 있을 것만 같습니다.

여행은 그렇게 새롭고 넓게 마음을 그려가는 것인가 봅니다.

사랑

사
랑

사랑은 희망입니다

비가 없는 햇빛은 사막을 만든다

가난에 사랑이 없다면 가난은 재앙입니다.

그러나 가난에 사랑이 있다면 가난은 희망입니다.

사랑은 이 세상 모든 것을 희망으로 만듭니다.

그래서 사랑에는 가슴 열지 않고서는 배길 수 없는 감동이 있습니다.

가난한 가정의 아버지와 딸들 사이의 미소는 마른 가난에 내리는 비와도 같습니다.

가난이라는 박토가 그 사랑의 비로 서서히 옥토로 변해가는 것입니다.

수행자에게 자비가 없다면 수행은 거짓이 됩니다.

용서하고 용서하고 또 용서하는 것이 자비로운 수행자의 모습입니다.

화내고 비난하고 욕하는 것은 수행자의 자세가 아닙니다.

햇빛 한 줌, 한 송이 꽃, 한 줄기 바람에도 가슴 깊이 은혜를 느낄 수 있을 때 수행은 비로소 익었다 말할 수 있을 것입니다.

사랑으로 불을 켜고 자비로 걸어가는 인생은 아름답습니다.

인생은 어쩌면 본디 그런 모습입니다.

그러나 우리는 그 아름다운 모습을 잊고 삽니다.

그래서 내가 있다고 생각하고 내 것이라는 생각을 떠나지 못합니다.

너와 내가 떨어져 있다고 생각할 때 사랑과 자비는 사라지고, 투쟁과 분열은 찾아옵니다.

그것은 밝은 아침을 거부하고 어두운 밤을 선택해 살아가는 것과도 같습니다.

햇살이 없으면 꽃을 피울 수가 없습니다.

밤의 어둠 속에서는 꽃의 아름다움을 만날 수가 없습니다.

어려워도 너와 나의 거리를 좁혀가며 살아가야 합니다.

그 거리가 좁아져 사라졌을 때 비로소 온 우주가 자신이 되는 삶의 아름다움을 만나게 됩니다.

이 목숨이 다 하기 전, 이 아름다움 하나 만날 수 있다면 좋겠습니다.

사랑하십시오

남편의 사랑이 클수록 아내의 소망은 작아지고, 아내의 사랑이 클수록 남편의 번뇌는 작아진다.

사랑은 고통을 나누는 사이가 아니라 고통을 없애주는 사이입니다.

그대가 내게 고통을 말할 때 고통은 쌓이는 것이 아니라 사라지게 됩니다.

신뢰와 사랑이 있기 때문입니다.

고통은 신뢰와 사랑 앞에서 완전히 용해되어 갑니다.

행복하게 살기 위해서는 신뢰와 사랑이 필요합니다.

신뢰와 사랑이 있을 때 고통은 사라지고 기쁨이 찾아옵니다.

신뢰와 사랑 하나 없이 사는 사람은 불행합니다.

그들은 고통이 사라지고 기쁨이 찾아오는 순간들을 만날 수가 없습니다.

삶의 어느 순간에도 사랑의 마음을 지켜가야만 합니다.

모질게 힘든 순간에도 사랑과 신뢰의 마음을 잃어서는 안됩니다.

언제 어디서나 굳은 사랑과 신뢰의 마음을 지닐 수 있을 때 행복과 만나게 됩니다.

행복하게 사는 길이 여기에 있습니다.

너무도 가까이 있지만 우리는 자주 그것을 보지 못합니다.

사랑하십시오.

그리고 신뢰하십시오.

그만큼 당신은 행복할 것입니다.

관심은 사랑의 시작입니다

내려갈 때 보았네. 올라갈 때 못 본 그 꽃.

우리는 놓치고 사는 것이 많습니다.

그냥 흘러가는 풍경들 속에 얼마나 아름다운 것들이 많던가요.

그것들을 놓치고 있다면 우리는 아름다움을 잃고 있는 것입니다.

관심은 사랑의 시작입니다.

무관심은 폭력의 시작입니다.

관심은 이 세상 모든 것들에 대해서 눈뜨게 합니다.

그리고 이 세상 모든 것들의 소리를 듣게 합니다.

자비의 시작입니다.

별의 반짝임. 꽃들의 개화와 해돋음의 새벽.

그리고 우리들 눈에 고인 그 선량함.

살아 있는 모든 존재들이 선명하게 다가올 때 내 가슴에 감동이 일어납니다.

감동은 이 세상 모든 존재들이 나와 관계되어 있다는 앎입니다.

함부로 길을 걸을 일이 아닙니다.

함부로 모든 사람들을 대할 일도 아닙니다.

함부로 걷고 함부로 대하는 것은 바로 폭력이기 때문입니다.

관심을 지니십시오. 그때 비로소 사랑이 시작됩니다.

그리고 그때 모든 것들의 아름다움과 만나게 됩니다.

사랑의 참모습

곡물은 봄의 태양이 빛나야만 씨앗을 싹틔우지만, 참된 사랑은 세상이 차가워도 꽃을 피운다.

바람을 거슬러도 향기를 내는 덕의 향기가 있듯이, 세상이 차가워도 꽃을 피우는 것이 참된 사랑입니다.

사랑은 그렇습니다.

사랑은 외부에서 오는 것이 아니라 우리들의 가슴에서 자라는 것이기 때문입니다.

외부에서 주어진 사랑은 세상이 차가워지면 자취도 없이 사라져버립니다.

그러나 우리들 가슴에서 자란 사랑은 세상이 차가울수록 더욱 더 따뜻한 온기로 다가섭니다.

사랑은 마치 강물과 같습니다.

열매가 많은 나무와 같습니다.

물을 담는 그릇이 무엇이든 강물은 가리지 않고 물을 건넵니다.

열매가 많은 나무 역시 돌로 세게 쳐도 아프다 말하는 대신 오히려 열매를 내어줍니다.

사랑은 한결같은 것입니다.

사랑은 변하는 것이 아닙니다.

존재 자체가 사랑인 사람은 사랑을 나누지 않고는 살아갈 수가 없습니다.

우리는 그렇게 위대한 사랑의 사람들을 역사 속에서 봅니다.

그들의 사랑은 때에 따라 변화해 가는 그런 사랑이 아닙니다.

절대의 사랑입니다.

그래서 신성하고 숭고하고 아름답습니다.

좋아서 사랑하는 사람은 싫어지면 사랑을 버릴 수 있고, 예뻐서 사랑했던 사람은 미워지면 역시 사랑을 버릴 수가 있습니다.

변해가는 사랑은 물거품과도 같습니다.

세월을 거슬러 오는 아름다운 사랑의 향기를 맡으십시오.

그리고 그런 사랑의 사람을 꿈꾸어 보십시오.

사랑이라는 이름의 꽃

내가 만일 인생을 사랑한다면 인생 또한 사랑을 되돌려준다는 것을 알았습니다.

사랑은 언제나 반향을 지니고 있습니다.

사랑이 클수록 반향은 크고, 사랑이 아름다울수록 그 반향은 아름답습니다.

사랑의 마음을 지닌 사람에게는 언제나 그 반향의 은은함이 들려옵니다.

그 은은한 반향의 물결에 몸을 기대면 수많은 꽃송이들이 피어나는 것만 같습니다.

자식을 사랑하는 아버지의 눈길, 아내를 사랑하는 남편의 마음, 그리고 연민의 마음으로 이웃을 감싸는 당신의 손길에는 이미 수만 개의 꽃들이 피어 있습니다.

그 향기가 사람들의 마음에 전해져 또다시 꽃을 피웁니다.

사랑의 마음은 이렇게 전이됩니다.

내가 사랑의 마음으로 그대를 대할 때 그대 또한 사랑의 마음으로 나를 대하게 됩니다.

사랑과 사랑의 마음이 만나 이루는 관계는 세상과 우리들의 마음속에 수만의 꽃송이를 피워놓습니다.

화엄의 세계입니다.

꽃길을 따라 걷고, 꽃처럼 웃다 꽃들의 전송을 받으며 떠나고싶다면 사랑의 마음으로 살아갈 일입니다.

그대가 행복하면 나 또한 행복하다는 그 마음에 오늘도 사랑의 꽃 한 송이가 피어납니다.

보고싶네, 갈까?

당신이 너무 바빠서 아이들과 아내를 위해 시간을 낼 수 없다면 당신은 그들을 사랑한다고 할 수 없다.

사랑은 원할 때 곁에 있어주는 것이며 그를 위해 온전히 자신의 시간을 내어주는 것이기 때문이다.

당신이 거기 존재하지 않는데 어떻게 그들을 사랑할 수 있겠는가.

살다 보면 마음은 있으나 시간이 없어서 못하는 일들이 많이 있습니다.

어머니를 찾아뵙고 싶은데, 친구들을 만나고 싶은데, 시간이 없어서 그렇다고 우리들은 왕왕 말하고는 합니다.

그러나 정작 시간이 없는 것은 아닙니다.

우리가 그러지 못하는 것은 시간이 없어서가 아니라 사랑이 부족하기 때문입니다.

시간은 언제든지 낼 수 있는 것입니다.

일이 많다면 집중해서 하면 되는 것이니까요.

우리가 하루 24시간을 전부 일에 소비하는 것은 아닙니다.

잠도 자고 또 먹기도 하고 그리 중요하지 않은 것들에 할애하는 시간도 대단히 많다고 생각합니다.

그런 시간들을 줄이고 일에 집중하면 많은 시간의 여유를 가질 수도 있습니다.

언제나 무엇을 하고자 한다면 정성과 노력이 필요합니다.

그냥 쉽게 되는 것은 없습니다.

효도도 우정도 노력할 때 비로소 아름다운 관계가 되는 것입니다.

'보고싶은데 시간이 없네, 어쩌지?' 하는 것보다는 '보고싶네, 갈까?' 하는 것이 더 아름다운 우정의 표현입니다.

하고싶은 것 다 하고 관계를 유지하기는 어렵습니다.

아름다운 관계를 유지하기 위해서 우리에게는 사랑이 필요합니다.

그 사랑은 지금 달려가는 것입니다.

다시 만난다는 기약이 없기에

오늘이 지나면 다시 못 볼 사람처럼 가족을 대하라.

그대를 지금 만나지만 우리 사이에는 내일 다시 만난다는 기약이 없습니다.

그래서 차마 그대에게 아픈 말을 할 수가 없습니다.

내일 다시 만난다는 기약이 없기에 차마 딱딱하게 굳은 표정을 보일 수도 없습니다.

내일 다시 만난다는 기약이 없기에 그대에게 어떤 약속도 할 수가 없습니다.

약속으로 남겨놓을 작은 것조차 없이 지금 그대에게 다 주고만 싶습니다.

지금이 아니면 언제 다시 내가 드리고싶은 것을 다 드릴 시간이 없기 때문입니다.

내일 그대를 다시 본다는 기약이 없기에 그대 눈가 입가에 그려지는 표정 하나까지도 나는 놓치지 않고 봅니다.

오늘이 아니면 다시는 볼 수 없는 모습이기에 눈이 아프도록 그대의 모습을 담고 또 담습니다.

내일을 약속 받지 않았기에 이토록 절실한 오늘을 가진 사람의 모습은 눈이 부시도록 아름답습니다.

오늘 삶의 모든 것을 다 쏟고 가슴에 작은 여한도 없는 그런 사람이고만 싶습니다.

오늘 하루가 다시없는 아름다움이었으면 좋겠습니다.

위대한 사랑

부모를 사랑하는 사람은 남을 미워하지 않으며, 부모를 공경하는 사람은 남을 얕보지 않는다.

방에 불을 끄고 촛불을 켭니다.

그리고 자신을 태워 불을 밝히는 초를 바라봅니다.

어머니의 사랑도 이러할 거라는 생각을 합니다.

부모님은 촛불처럼 자신을 태워 우리를 기르셨을 겁니다.

자신을 태워 무언가를 기르는 것이 얼마나 큰 사랑인가를 몰랐습니다.

그러나 나이가 들고 부모님 부재한 자리에서 비로소 그 사랑의 아픔과 위대함을 느낍니다.

세상에 그 누구도 할 수 없는 일을 부모님들은 하십니다.

그래서 그들의 사랑은 위대하기만 합니다.

부모님을 공경하고 효를 실천한다는 것은 그 사랑의 위대함과 넓음을 안다는 것입니다.

효의 사람은 곧 사랑의 사람입니다.

그러므로 그들은 함부로 남을 미워하지 않으며 남을 얕보지도 않습니다.

이 세상 모든 존재들의 관계가 사랑이라는 것을 그들은 아는 것입니다.

겸손하고 아름답게 사는 사람의 삶.
그런 삶들이 있어 오늘도 별이 돋는가 봅니다.

마음의 여백

마음의 여백은 그 마음에 사랑이 있을 때 생깁니다.
사랑이 커질수록 마음의 여백도 커집니다.
마음의 여백은 그 마음에 존경이 있을 때 커집니다.
존경심이 있을 때 마음의 여백도 그만큼 커집니다.
마음의 여백은 연민이 있을 때 생깁니다.
연민이 바다처럼 넓을 때 여백도 그만큼 넓어집니다.
마음에 분노가 자랄 때 마음의 여백은 사라집니다.
마음에 원망이 자랄 때 역시 마음의 여백은 사라집니다.
마음의 여백에는 햇살이 가득합니다.
그 여백에는 새순처럼 즐거움과 행복의 기운들이 자리하고 있습니다.
오직 밝은 기운으로만 가득한 자리.
일체의 형상은 없으나 맑은 기운이 있어 여백은 그냥 텅 비어 있는 자리는 아닙니다.
오늘 사랑한 만큼, 오늘 연민을 가지고 산만큼, 여백의 자리에는 맑은 기운들이 넘칠 겁니다.

가족여행

어머니를 모시고 한 가족이 산사에 왔습니다.

아침에 그들 가족과 마주 앉아 차를 마셨습니다.

어머니는 여든이 넘으셨습니다.

퇴행성 관절염을 앓는 어머니는 이제 밖에 다니려 하지 않는다고 합니다.

딸들과 사위에게 짐이 된다는 생각에서 입니다.

그때마다 가족들은 괜찮다며 어머니를 모시고 다닙니다.

일 년에 두 번, 봄 가을 산사로 참배 다니던 그들의 가족여행.

만일 어머니가 함께 하지 못한다면 그들 가족여행의 빈자리는 얼마나 큰 것일까요.

아마 어머니가 함께 하지 않는다면 산사를 찾아가는 그들의 가족여행도 끝이 날지도 모르겠습니다.

어머니를 업고서라도 다니고싶다던 가족들의 다짐이 따뜻하게 다가 왔습니다.

어머니는 그들 여행의 동반자니까요.

그 전에는 늘 늙으신 어머니는 모시고 사는 분이라고 생각했습니다.

그러나 생각을 바꿔 함께 살아가는 분이라고 생각해보면 어떨까요.

친구처럼 인생의 동행이라고 생각하면 어머니를 좀 더 사랑할 수 있지 않을까요.

무슨 이야기라도 모두 들어주고 세상 끝에서도 유일하게 남아 있을 내 편이라고 생각한다면 어머니는 언제나 함께 있고픈 사람일 겁니다.

제자리에 두는 것

바다에서 돌 하나를 주웠습니다.
돌의 무게가 제법입니다.
오랫동안 바닷가에서 바다와 하나 되어 살아온 돌.
돌이 바다를 떠날 때 바다가 온통 따라와 돌 속에 스며들었나 봅니다.
큰 바다의 무게가 돌 하나의 무게와 같다는 것을 느꼈습니다.
돌 속에 스미어 바다는 다시 돌에게 물소리를 들려줍니다.
돌은 이제 바다가 아니라 내 방의 다상 위에 자리하고 있습니다.
어두운 방에 남아 돌은 바다의 물결소리를 그리워할 겁니다.
그리고 망망한 바다의 모습도 떠올릴 겁니다.
내 방에 온 뒤 불면으로 밤을 세웠을 돌.
가끔씩 돌이 우는 소리를 듣습니다.
그 소리는 바다의 물결소리를 닮았습니다.
내일은 돌을 다시 바닷가 제자리에 두고 와야겠습니다.
모든 것을 제자리에 두는 것.
그것이 사랑이고 자비이겠지요.

어미새의 사랑

새 한 마리를 새장에 가두었습니다.

어미새가 날아와 새장에 갇힌 새끼새에게 먹이를 주고 떠났습니다.

다음 날 새장에 갇힌 새끼새는 죽었습니다.

독초를 준 것입니다.

새장에 갇혀 평생을 살지 말고 죽어 자유로우라는 어미새의 사랑이었습니다.

어미새의 사랑이 아프게 다가옵니다.

갇혀서 우는 새끼새를 날마다 보기보다는 죽어서 자유로운 새끼새의 영혼을 보는 것이 낫겠다는 어미새의 결의가 뜨겁게 가슴에 와 닿습니다.

사랑은 모든 것을 이겨내는 것입니다.

가슴속의 슬픔까지도 이겨내는 것이 사랑의 참모습입니다.

그래서 사랑은 헌신입니다.

이별의 슬픔, 그 아픔을 기꺼이 견디어내는 것이기에 사랑은 위대한 헌신입니다.

새의 사랑이 이러할진대 우리들 어버이의 사랑은 어떤 것이겠습니까.

아픔은 당신이 품고 기쁨은 자식에게 건네던 그 못난 사랑을 당신들은 참 좋아하셨습니다.

사랑은 주는 것이라는 그 말을 진리이게 한 것이 우리들 부모님의 사랑입니다.

부모님의 사랑. 그 큰 사랑이 있어 오늘 우리가 있습니다.

그 사랑을 잊지 않기를 발원합니다.

꽃으로 피어나는 말

말 한마디가 때로는 꽃이 되고 때로는 화살이 됩니다.

당신이 행복한 표정을 지을 때 내 말은 꽃이 됩니다.

그러나 당신의 표정이 일그러진다면 내 말은 화살이 되고야말 것입니다.

당신이 웃음 지을 때 내 말은 내게 꽃이 되고, 당신이 고통으로 일그러질 때 내 말은 내게도 화살이 됩니다.

말은 당신과 내게 똑같은 기쁨과 아픔을 남깁니다.

내가 모진 말을 내뱉을 때면 내게도 모진 상처가 남습니다.

그래도 때로 모진 말을 내뱉습니다.

당신의 아픈 표정에 아파하면서도 말입니다.

나쁜 줄 알면서도 나쁜 짓을 행하는 것은 어리석음 때문입니다.

벗어 던지고자 하지만 두꺼운 어리석음의 외투는 쉽게 벗겨지지가 않습니다.

별빛 같은 기쁨들이 반짝이며 유영하고 있어도 나는 어둠을 잔뜩 머금고 서 있습니다.

감사합니다.

미안합니다.

사랑합니다.

가장 낮은 자세로 당신에게 말하고 싶습니다.

당신이 환하게 웃을 때 내 말은 꽃이 되어 다시 내 가슴에 피어납니다.

온 마음으로 사랑하십시오

공덕을 베풀려면 대가를 바라지 마라.
대가를 바라게 되면 의도하는 바가 따르게 되니, 구별하지 마라. 온 마음을 다해주고 대가를 바라는 마음은 헌신짝처럼 버려라. — 보왕삼매론

아침부터 저녁까지 온 마음으로 살아가는 시간은 아주 짧기만 합니다.

마음은 움켜쥐고 있으면 번뇌가 되지만 놓아버리면 기쁨이 됩니다.

무엇을 주었다는 마음을 품은 마음은 벌써 무엇을 잃었다는 한탄의 마음과 함께 합니다.

온 마음으로 나누고 온 마음으로 사랑하십시오.

가족, 그 아름다운 이름

부모와 자식, 형과 동생이 어우러져 사는 모습은 아름답습니다.

나무와 나무가 모여 있는 숲이 아름답듯이 사람이 모여 사는 곳 역시 아름답습니다.

그곳에서는 화합과 사랑의 향기가 납니다.

외로운 인생길도 그 안에서는 따뜻하고, 힘든 순간들도 그 안에서라면 거뜬히 이겨낼 수가 있습니다.

가족…….

참 위대한 힘의 산실입니다.

내가 어떤 모습이 되었건 그냥 받아들여주는 것이 가족입니다.

그러나 지금은 가족들이 뿔뿔이 흩어져 삽니다.

흩어져 외로움을 안고 삽니다.

'그래도 행복했던' 가족의 삶으로는 돌아갈 수가 없습니다.

너무 바쁜 삶이 우리를 흩어 놓은 것입니다.

삶의 속도가 우리들 가슴의 따뜻한 온기마저도 모두 거두어가고 있습니다.

그러나 우리가 자랐던 어린시절의 풍경과 가족의 모습보다 따뜻한 것은 없습니다.

외로움의 곁에도 절망의 순간에도 가족은 언제나 함께 있는 사람들입니다.

가족…….

그 아름다운 이름이 우리를 따뜻하게 합니다.

나무의 지혜

산길을 걸으며 나무들의 냄새를 맡습니다.

그 냄새가 향기롭습니다.

그것은 오랜 세월을 지낸 나무의 냄새입니다.

그 냄새를 맡으며 나무의 지혜를 생각합니다.

나무라고 어찌 궂은날이, 고통스러운 시간이 없었겠습니까?

나무에게도 그런 시간은 분명히 있었을 것입니다.

그러나 흐리고 궂은날을 살아온 나무의 냄새라 해도, 탁하고 코에 거슬리는 것이 아니었습니다.

그윽하고 향기로운 것이었습니다.

나무는 기분이 우울할 때마다 잎들을 흔들어 웃음 지었고, 고통이 허리를 누를 때마다 뿌리를 굳게 뻗어 물을 끌어올리며 아픔을 이겨 나갔을 것입니다.

밤이면 별 아래서 가만히 명상하고, 아침이면 새를 품고 모성의 너그러움을 배웠을 것입니다.

넓고 부드럽고 따뜻한 나무의 지혜가 날마다 향을 피웁니다.

하루하루 나무의 지혜가 사르는 향은 넓게 더 넓게 퍼져갑니다.

어느 날 길을 가던 나그네 하나 그 곁을 지나면서 지혜의 향기를 맡게 되지 않을까요?

그 나그네가 당신이었으면 좋겠습니다.

아버지의 생애

어머니가 따뜻한 이름이라면 아버지는 외로운 이름입니다.

아버지의 헛기침. 아버지의 뒷모습.

아버지를 떠올리면 왠지 외로움의 냄새가 물씬 풍겨옵니다.

그 사랑은 깊은 연못처럼 너무 깊어 오히려 외롭습니다.

아버지는 한 가정의 중심이지만 언제나 그 사랑의 주변이라는 인상을 지울 수가 없습니다.

안에 있기보다는 언제나 밖에서 분주하게 살아온 아버지의 인생이 늙어서도 안에서의 안주를 허락치 않습니다.

언제나 헌신했지만 보상은 뒷전인 아버지의 생애.

꺼질듯 꺼질듯 가물거리는 미소를 지으며 가장이라는 이유로 쓸쓸함을 말없이 견뎌야 하는 아버지.

그 아버지의 자리에는 오늘도 헛헛한 웃음이 지는 꽃처럼 걸려 있습니다.

마음

햇살 한 줌이 소담합니다.

그대 두고간 마음이 반짝입니다.

바람 한 결에도 상큼합니다.

살아 있는 것이 축복입니다.

당신도 내게 축복입니다.

나도 당신에게 축복이 되고 싶습니다.

기분 좋은 하루는 이런 느낌으로부터 출발합니다.

좋은 느낌을 마음에 그려보십시오.

푸른 하늘, 맑은 바람, 행복한 미소 등등.

그러면 당신은 어느새 그것들과 하나가 되어 있을 겁니다.

마음에 그리고 마음으로 느끼는 것이 바로 당신의 모습입니다.

만일 마음에 어둠이 있다면 당신은 어두운 표정이 되는 것이고, 마음에 성냄이 있다면 당신은 성냄과 하나가 되는 것입니다.

마음은 빈 광주리와도 같습니다.

빈 바구니를 채우는 것은 바로 자기 자신입니다.

당신의 마음 바구니에는 무엇이 담겨 있습니까.

푸른 하늘, 맑은 바람, 예쁜 꽃, 넓은 바다, 아름다운 사람들의 모습으로 가득 찬 당신의 마음 바구니를 모두에게 내보여 주십시오.

그 순간 세상은 온통 축복으로 당신에게 다가올 겁니다.

미소

70세가 넘은 노보살님이 일행과 함께 왔습니다.

차를 마시면서 이런저런 이야기를 했습니다.

수행 이야기, 그리고 삶과 죽음 이야기.

수행을 얘기할 때, 삶을 얘기할 때, 죽음을 얘기할 때 노보살님의 미소는 똑같았습니다.

삶과 죽음 그리고 수행이 하나인 자리를 본 것입니다.

삶이 죽음이고, 죽음이 수행이고, 수행이 다시 삶인 그 마음 자리에 빛을 보았습니다.

그 어디에도 어둠이 없었습니다.

어디고 다 밝은 자리였습니다.

죽음도 기쁘게 기다리는 그 삶의 자리 어디에 어둠이 있겠습니까.

미소는 마음의 빛입니다.

꺼지지 않는 빛의 표현이 미소입니다.

나이를 떠나 언제나 아름답게 빛나는 것이 미소입니다.

70세의 미소나 어린 아이의 미소나 모두 아름답다는 공통점을 지닙니다.

아름다운 미소, 그것은 우리들 삶의 최고등급이기도 합니다.

질투라는 것

질투 역시도 그대를 향한 사랑입니다.

그러나 그 사랑에는 가시가 들어 있습니다.

공격적인 사랑입니다.

배척하고 질타하는 사랑이 질투입니다.

질투는 넓은 사랑이 아니라 좁은 사랑입니다.

질투는 밝은 사랑이 아니라 어두운 사랑이기도 합니다.

사랑이 사랑을 잃었을 때 사랑이 길을 잃고 헤매는 것이 또한 질투입니다.

질투를 해본 사람은 압니다.

질투가 가슴을 얼마나 폐허로 만들고 얼마나 큰 상처를 남기는지를.

질투가 우리에게 남기는 것은 아픔뿐입니다.

그래도 우리는 질투를 합니다.

내가 아파 무너지더라도 질투의 행진을 멈추지 못하는 것이 우리의 한계입니다.

사랑이 질투로 아플 땐 사랑을 떠나십시오.

그리고 사랑을 잃은 아픔이 가슴에 절절히 스며들었을 때 다시 사랑을 찾아오십시오.

그때 질투의 횡포는 사라지고 밝은 사랑의 빛을 만나게 될 겁니다.

'우리'라는 말

'우리'라는 말은 떨어져 있지 않다는 말입니다.

'우리'라는 말은 내 고집만 내세우며 살지 않겠다는 말입니다.

'우리'라는 말은 당신을 이해하고 있다는 말입니다.

그래서 더 이상 외롭지 않다는 말입니다.

'우리'라는 말은 그대가 어려울 때 곁에 있겠다는 말입니다.

혼자 편하지 않고 그대의 고통에 눈감지 않겠다는 얘기입니다.

'우리'라는 말은 그래서 이 세상을 밝히는 따뜻하고 아름다운 말입니다.

아궁이에 불을 때고 앉아 별을 보며 얘기합니다.

"별, 너와 나는 우리야. 이렇게 날마다 바라보고 있으니까. 가끔 네가 없는 날에도 나는 너를 볼 수가 있어. 너는 이미 내 가슴에 빛나고 있으니까!"

별이 '우리'라고 부르는 내게 "그래, 우리는 우리야."

대답을 합니다.

삶의 자리가 그 순간 따뜻해집니다.

여러분도 '우리'라고 불러 보십시오.

그 순간 여러분도 따뜻한 삶의 온도를 느끼게 될테니까요.

아름다운 사람

작은 정성에도, 그냥 마음으로만 건네는 따뜻한 말 한마디에도 사랑의 온도를 느낄 수 있다면, 당신은 아직 아름다운 사람입니다.

그리 비싸지 않은 선물에도 크게 기뻐할 수 있다면, 당신은 아직 고운 심성의 사람입니다.

빗소리에도 바람소리에도 가슴 설레고, 낙엽 타는 냄새에 추억을 떠올릴 수 있다면 당신은 아직 순수한 사람입니다.

아주 작은 고마움을 잊지 않고, 그리고 한때 인연의 소중함도 버리지 않고 살아간다면 당신은 흔하지 않은 고결한 사람입니다.

모두 다 크고 비싼 것만 찾는 세상.

작은 것은 잊혀지고 마음의 정성은 그냥 흘려버리는 시간 속에서 그 시간을 거역하고 산다는 것은 쉬운 일이 아닙니다.

아름답지 않고, 고결하지 않다면 할 수 없는 일입니다.

이 소비의 시간을 거역하는 사람들만이 작고 사소한 것들의 소중한 의미를 지켜나갈 수가 있습니다.

아름다움으로, 고결함으로, 순수함으로, 우리들의 세상에는 아직 빛이 있습니다.

건강을 위해 늘 기도한다는 그 한 말씀이 이 세상 무엇보다도 따뜻하게 와 닿는 아침입니다.

첫사랑

첫사랑은 언제나 우리를 그 시간 그 자리에 서성이게 합니다.

안개꽃처럼 여리지만 그 타래들은 너무도 길게 이어져 우리들 마음의 끈이 되어 남아 있습니다.

20년이 지나고 30년을 지나도 기억 속에 떠오르는 얼굴과 시간의 풍경들.

첫사랑은 어쩌면 우리 마음에 그려진 가장 아름다운 그림인지도 모르겠습니다.

그래서 첫사랑은 결코 잊을 수가 없다고 합니다.

사랑의 사람은 떠날지라도 사랑은 그대로 남는 것이 첫사랑이기 때문입니다.

세상에는 잃는 것과 남는 것이 있습니다.

잃는 것은 모두 욕망에 근거한 것이고, 남는 것은 맑고 순수한 마음으로 그렸던 것들입니다.

우리가 잃는 것은 모두 허무와 괴로움으로 다가오고, 남는 것은 모두 추억과 행복으로 다가옵니다.

순수하고 맑은 마음으로 인생을 그려나갈 일입니다.
그것이 곧 행복을 만나는 일이기 때문입니다.

눈물은 감동입니다

눈물을 흘려본 날이 참 오래되었습니다.
그러다 방송을 하면서 눈물을 흘려보았습니다.
글로 만나는 사연들이 너무 아름답게 다가왔기 때문입니다.
소박하지만 따뜻한 삶.
그것은 어려워도 삶에 희망을 잃지 않은 사람들의 모습이었습니다.
눈물은 슬픔만으로 찾아오는 것이 아니라 때로 이렇게 아름다움도 눈물이 된다는 것을 알았습니다.
눈물이 진주라면 그 사연 위에 눈물을 흘려 진주 하나씩 남기고싶은 마음입니다.
눈물이 많으면 헤퍼서 못쓴다고 나무라시던 어머니의 말씀.
그 말씀을 듣고 눈물은 애써 참는 것이라고 믿었습니다.
그러나 이제 나는 그 말씀에서 자유롭고싶습니다.
눈물은 가장 빛나는 진실이고 감동이기 때문입니다.
아름다운 일에 눈물 흘릴 수 있는 사람.
그때 흘리는 눈물은 어쩌면 진주보다 아름다울지도 모르겠습니다.

기도

어두운 밤 한강을 지납니다.

강 건너 보이는 불빛들이 아름답습니다.

마치 하늘의 별들이 내려와 앉은 것만 같습니다.

그 속에 사는 사람들의 마음도 그렇게 아름다웠으면, 하는 바람을 가져봅니다.

어제는 손녀에게 기대어 조막조막 길을 걷는 노인을 보았습니다.

힘들게 힘들게 한 걸음씩 내딛고 있지만 노인의 얼굴은 행복해 보였습니다.

무겁게 한 걸음 옮길 때마다 그려지던 입가의 미소.

그 걸음이 아주 오래 계속 되기를 기원했습니다.

전에는 길을 가다 영구차를 보았습니다.

한 생애의 연기를 마치고 떠나는 인생.

나는 문득 떠나는 사람의 마지막 표정이 궁금했습니다.

그는 어떤 표정으로 길을 떠났을까.

그의 마지막 표정이 행복한 표정이기를 기도했습니다.

세상 모든 것을 향해서 기도하고싶은 이 마음이 언제까지 영원하길, 오늘 아침 나는 내게 기도합니다.

따뜻한 사랑

겨울로 가는 밤하늘에는 별들이 가득합니다.

별들이 풀어내는 빛들의 향연.

시린 몸을 세워 바라보는 별빛은 더욱 더 선명합니다.

차가운 대기가 빛들의 흩어짐을 막아 그대로 전해주는 것만 같습니다.

왜 추운 하늘에는 별빛이 더 선명하던지요.

그것은 아마 별들이 추운 하늘의 가슴을 훈훈하게 하려고 빛을 더 내기 때문이 아닐까요.

살아가면서 누군가에게 그렇게 훈훈한 온기를 전할 수 있다면 좋겠습니다.

하늘의 가슴에 훈훈한 온기를 전하는 별빛이 아름답듯이 내 삶도 아름다울 거라는 생각이 듭니다.

어쩌면 우리는 겨울 하늘보다 시린 세계 속에 살고 있는지도 모릅니다.

그런 세상에 온기를 나눌 가슴이 없다면 그것은 절망입니다.

절망을 희망으로 바꾸는 힘은 따뜻한 사랑입니다.

이 시린 세상, 나도 그런 사랑일 수 있다면 좋겠습니다.

낙엽의 헌신

낙엽은 잎새들의 헌신공양입니다.

스스로 몸을 떨구어 나무를 살리는 낙엽의 행보는 아름답습니다.

기꺼이 몸을 던져 나무를 살리려는 낙엽의 마음이 문득 가슴에 와 닿습니다.

떨어져 기꺼이 썩어 다시 나무를 키우는 그 끝없는 헌신의 행렬이 내 삶을 깨우는 풍경소리가 되어 다가옵니다.

가볍습니다.

낙엽은 일체의 집착을 떠난 가벼움입니다.

그 가벼움에 맑고도 투명한 사랑이 가득했던 것입니다.

쌓이고 쌓여도 한없이 가벼운 사랑의 무게.

사랑은 끝없이 존재를 자유롭게 합니다.

자유로운 존재만이 자신의 집착을 벗어날 수 있고, 집착을 벗어난 존재만이 헌신과 사랑의 일생을 살 수 있다는 것을 낙엽을 통해 배웁니다.

가볍게 떨어져 상처 하나 내지 않고 온전히 썩을 줄 아는, 그 사랑의 아름다움이 가을 하늘보다 시리게 다가오는 아침입니다.

어느 가족의 풍경

밥상에 앉아 아름다운 모습을 보았습니다.

병들고 연로한 할머니에게 밥을 떠 먹이는 모습을.

절에 재를 모시러 온 사람들의 밥상머리 풍경을 나는 한참이나 바라보았습니다.

딸인지 며느리인지 모를 여자분이 김에 밥을 싸서 할머니에게 먹이고, 할머니 입가에 묻은 밥알을 손수 떼어서 자기가 먹었습니다.

할머니가 밥을 다 씹기를 기다려 국을 떠 넣어 주고 그 수저로 자신도 국을 떠먹었습니다.

아들인 듯 보이는 남자도 내게는 놀라움이었습니다.

그 남자 역시 할머니에게 국을 떠먹이고 자신 역시 그 수저로 국을 떠 먹었습니다.

늙고 병들어 어찌 보면 가까이 가기도 망설여지는 그런 할머니에게 그들은 아무런 거리낌 없이 다가가 자신이 밥을 먹듯 그렇게 할머니와 함께 식사를 했습니다.

나는 그 여자분에게 며느리인지 딸인지를 물었습니다.

며느리라고 하더군요.

그들 밥상의 풍경 앞에서 나는 왈칵 솟구치는 뜨거움을 느꼈습니다.

나는 과연 그럴 수 있을까, 그들 삶의 모습은 내게 오래도록 간직하고 싶은 모습으로 남을 겁니다.

별 헤는 밤

가을밤은 별 헤는 밤입니다.

바람이 울리고 간 풍경소리를 들으며 별 헤는 밤입니다.

별 하나, 별 둘. 별을 헤다 보면 꼭 내가 전생에 별이었다는 생각이 듭

니다.

그리고 다시 내가 하늘로 돌아가 별이 될 것만 같은 생각이 듭니다.

그래서 이 시간 이후의 삶의 모습에도 무서움이 일지 않습니다.

별이 되어 가는 길.

그 길, 얼마나 아름다운 길이겠습니까.

내 다음 생에 별이 되리라는 믿음이 있어 지금의 삶의 시간 또한 아름답게 다가섭니다.

별을 사랑하는 마음으로 죽어 가는 모든 것을 사랑하겠다던 시인의 말을 알 것도 같습니다.

별을 사랑하는 마음으로 모든 것을 사랑할 때, 우리 현실의 모든 아픔과 원한까지도 사랑하게 될 것입니다.

가을밤 별을 헤면, 별처럼 아름다운 꿈들이 내 가슴에 내리는 것이 느껴집니다.

그 꿈들의 낙화가 내게 아름다운 삶의 길을 내어줍니다.

아름다운 시간들 그리고 아름다운 생명들.

그 모두를 사랑하며 살아야겠습니다.

이 가을에는

가을은 어머니와 같은 계절입니다.

모든 것을 영글게 하고 모든 것을 다 익게 하니까요.

가을 안에서는 낟알과 과일뿐만 아니라 우리의 마음도 익어갑니다.

푸른 하늘을 보며, 황금빛 들녘을 거닐며 눈부시게 익어가는 우리의 마음을 만날 수 있으면 좋겠습니다.

봄 여름……때로 설익어 짜증내고, 누군가를 미워했다고 해도 이 가을, 우리 그런 설익은 마음의 흔적을 다 지우고 살았으면 좋겠습니다.

오직 노랗게 잘 익은 마음으로 사랑과 자비의 열매를 하나씩 나누며 산다면 좋지 않을까요.

가을 볕 아래서 길을 걸으며 이제 나도 인생의 가을에 서 있다는 생각이 듭니다.

인생의 가을. 그리고 가을이라는 계절.

이제는 더 이상 설익은 몸짓과 언어를 내보여서는 안 되겠다는 생각이 듭니다.

어머니가 아기를 낳듯, 이 가을에는 사랑과 자비라는 아름다운 말을 건네고싶습니다.

밤이 가르쳐준 것들

밤이 오는 모습을 봅니다.

밤은 아직은 서둘러 오지는 않고 있습니다.

서서히 서서히 오고 있습니다.

지난여름보다는 걸음이 좀 빨라졌지만 그래도 아직은 더디게 밤이 옵니다.

밤이 천천히 걸음을 할 때 마음이 참 고요해집니다.

안개처럼 어둠이 살짝 이 세상을 덮을 때 내 앞의 풍경들은 순하게, 때로는 작은 슬픔처럼 다가섭니다.

어둠이 채 오기 전 어스름녘의 시간 위에 서면 안개꽃같이 흔들리는 마음도 만나게 됩니다.

그 시간에 서면 정말 착한 사람이 되는 것만 같습니다.

어스름녘의 시간은 내게 어머니와도 같습니다.

그 안에서 나는 착함과 눈물과 이별을 배워가기 때문입니다.

밤이 서서히 오듯 오늘 나는 사랑의 마음을 배워갑니다.

언제나 이렇게 어스름녘의 마음 하나 지니고 살고싶습니다.

사랑한다는 것

사람이 사람을 사랑한다는 것은 전부를 사랑하는 것을 의미합니다.

어느 한 부분만을 사랑한다면 그것은 사랑이라 말할 수 없습니다.

얼굴이 예뻐서 누군가를 사랑했다면 그는 늙어서의 사랑을 만나지 못할 것입니다.

능력이 있어서 누군가를 사랑했다면 무능력해진 그 사람에게서 그는 사랑을 발견하지 못할 것입니다.

결국 부분을 사랑한 사람은 언젠가는 사랑을 잃게 되고야 맙니다.

그러나 전부를 사랑한 사람은 젊음이 떠난 노년의 자리에서도, 능력이 떠난 초라한 자리에서도 사랑을 만날 수가 있습니다.

그는 어디서도 사랑을 잃지 않는 사람이 됩니다.

어디서나 사랑을 만날 수 있는 행복한 사람.

그 시작은 전부를 사랑할 수 있는 자신에게 있습니다.

한결같은 사랑의 행복을 찾아가야 하지 않을까요.

사랑의 힘

사랑이 있어 집은 가정이 됩니다.

사랑이 있어 너와 나는 우리가 되고, 사랑이 있어 우리 함께 내일을 바라볼 수가 있습니다.

사랑이 있어 삶이 기쁨이고, 사랑이 있어 거친 세상에 행복의 꽃들이 핍니다.

작고 남루한 삶에도 사랑이 있으면 따뜻하고, 크고 웅대한 삶도 사랑이 없으면 차게만 다가섭니다.

가슴에 사랑이 있는 사람만이 따뜻한 세상의 길을 내고, 가슴에 사랑이 있는 사람만이 어두운 밤에도 등불을 들어 길을 밝힐 수가 있습니다.

혼자만 잘사는 삶은 의미가 없습니다.

그것은 외로움이니까요.

아무리 많은 재물을 지니고 있어도 그것은 외로움으로부터 자신을 지

켜주지 못합니다.

비록 가난할지라도 사랑이 있어 그 힘으로 인생을 살아간다면 그는 행복한 사람입니다.

그의 주변에는 언제나 사랑의 사람들이 함께 하기 때문입니다.

외로운 부자보다는 가난한 사랑의 사람이 되는 것이 행복한 삶의 길입니다.

내 가난한 삶의 자리에 별빛 하나 달빛 하나도 소중합니다.

사랑은 이렇게 모든 것의 소중함에 눈뜨게 합니다.

소유하지 않지만 이 세상 모든 것이 소중하다는 것을 사랑이 있어 나는 압니다.

산 정상에서 배운 것

산 정상에 올라 넓은 바다를 봅니다.

정상에 오르는 길은 결국 자신을 완성해가는 길이고, 바다는 그런 자신을 회향해 나가는 것이라는 생각이 듭니다.

정상에 오르기 전에는 보이지 않던 바다.

정상에 올라서야 비로소 바다를 만나는 것은, 산의 정상이 넓음으로 나아가는 시작이라는 의미인 것만 같습니다.

지난 내 인생은 산 언덕과도 같았습니다.

나는 여전히 그 언덕을 오르고 있는 중입니다.

넓은 바다를 바라볼 겨를이나 시계가 없습니다.

오직 가파른 언덕만을 보고 있을 뿐입니다.

산 정상에 올라 바다를 보며 인생의 언덕을 오르는 지금의 내 인생의 의미를 생각해 봅니다.

그것이 회향을 위한 과정이라는 것을 깨닫습니다.

봉사와 헌신 그리고 사랑.

정상은 완성이 아닙니다.

완성은 넓음으로 나갈 때 시작된다는 것을 산 정상에 올라 비로소 배웁니다.

산사로 돌아가는 길

산으로 돌아가는 길, 산승에게는 별이 있어 좋습니다.

집으로 돌아가는 길, 마을 사람들에게는 가족이 있어 좋습니다.

그러고 보면 별과 가족은 같을 거라는 생각이 듭니다.

우리들 마음에 기쁨을 남기기 때문입니다.

별 하나, 별 둘, 헤며 돌아가는 길.

산 저 멀리 불빛이 별처럼 반짝입니다.

그 집 속에 들면 나는 이 지상의 사람이 아니라 별나라 사람이 될 것만 같습니다.

그곳에는 번뇌도 없고, 다툼도 없고, 성냄도 없이 오직 고요와 평화, 사

랑만이 가득할 것 같습니다.

하늘의 별 한 번 바라보고 별처럼 자리한 산사의 불빛 한 번 바라보며 길을 걷습니다.

세상에 이처럼 아름다운 길이 있을까요.

길을 걸으며 다 못 본 별은 산사의 툇마루에 앉아 헤아려볼 생각입니다.

별 하나, 별 둘, 그러다 보면 내 삶도 별처럼 빛나는 아름다움으로 피어 오르겠지요.

사랑과 자비가 있는 세상

어젯밤 스님과 대화를 나누었습니다.

스님은 지금 탁발순례 중이신데 잠깐 서울에 오셨습니다.

오랜만의 만남, 반가웠습니다.

스님은 종교가 아니라 사람이 문제라고 했습니다.

수긍이 갔습니다.

같은 종교를 가졌다는 것이 아주 좋은 사람이라는 것보다는 작은 의미일 수 있겠다는 생각이 들었습니다.

중생의 수 헤아릴 수 없고, 세계의 수 또한 헤아릴 수 없습니다.

지구라는 하나의 푸른 별 위에서 살아가지만 우리들 사는 세계는 중중무진의 세계입니다.

각자가 자기의 세계 하나씩 지니고 살아가기 때문입니다. 사랑과 자비가 없다면 부딪치고 깨어질 수밖에 없습니다.

다른 종교라도 배척의 이유가 안 되고, 같은 종교라고 크게 함께 하는 동인은 못됩니다.

사람이 어떠냐가 그 무엇보다 중요합니다.

언제나 가장 깊은 곳의 음성으로 부르고싶은 사람으로 우리 서로 남을 수 있을 때 우리 사는 세상, 아름다운 세상이 되겠지요.

겸손과 감사

푸르게 자라는 벼들의 성장에는 농부들의 땀이 있습니다.

곱게 자란 자식들의 모습 속에는 어버이의 사랑이 있습니다.

우리들이 입는 옷. 우리들이 머무는 집.

그 모든 것에는 그 누군가의 노고가 있습니다.

이 세상 모든 것은 그렇게 이루어져 있습니다.

그래서 그 무엇도 함부로 대할 것은 아닙니다.

다 공경하는 마음으로 받들고 섬겨야 합니다.

우리가 살아가는 삶의 자리, 그 무엇도 귀하고 높은 것입니다.

자신의 맘에 들지 않는다고 함부로 대할 수는 없습니다.

그것은 소중함을 모르는 행위입니다.

이 세상 모든 것이 귀하고 소중하다는 것을 아는 사람들은 겸손하고 감사한 마음으로 하루하루를 살아갑니다.

겸손과 감사한 마음으로 살아가는 하루.

그 하루가 우리들 영원한 복전의 시작입니다.

복은 겸손과 감사에서 시작되기 때문입니다.

세상 모든 귀한 것들의 의미를 늘 잊지 않고 살아가고 싶습니다.

가족으로 사는 법

우리집은 식구가 참 많았습니다.

밥 먹을 때면 그 많은 식구가 복이라는 생각이 듭니다.

반찬 수보다 많던 식구들.

그래서 그랬던지 반찬이 없어도 밥을 맛있게 먹고는 했습니다.

시장이 반찬이라는 말도 있지만 내게는 그렇게 많은 식구가 다 반찬과도 같이 입맛을 돋우는 요소라는 생각이 들었습니다.

아버지를 중심으로 남자들은 언제나 위쪽에 앉았고, 누이들은 언제나 아래쪽에 앉아 식사를 했습니다.

그것은 불문율이기도 했습니다.

누구 한 사람 그런 무언의 좌석 배치에 대해 이유를 달거나 말하지 않았습니다.

그렇게 품어주고, 이해해주고, 감싸주는 것.

그것이 가족의 사랑 아닐까요.

만일 내가 맨 아래 앉았었다고 해도 난 그 자리에 앉아 기쁘게 밥을 먹었을 것입니다.

타인 중심에서 보면 위 아래가 있지만 자신을 중심으로 보면 위 아래의 개념이 사라진다는 것을 가족의 사랑이 일깨워준 것입니다.

가족, 참 따뜻한 이름입니다.

고귀한 선물

바닷가에 살면서 바다를 사랑하게 되었습니다.

물 위를 나는 물새들처럼 그렇게 푸른 바다를 노래하고 싶었습니다.

그러나 나는 물 위를 날지 못하고 물가에서 바다를 노래할 뿐입니다.

나의 노래가 파도를 타고 저 먼 수평선에까지 가 이를까요.

가만히 귀를 세우고 수평선이 들려줄 메아리를 기다려보곤 합니다.

그러나 아직 내 노래가 수평선에 가 이르지 못했기 때문일까요.

수평선으로부터는 아직 내 노래에 대한 수신이 없습니다.

바다를 사랑함으로 나는 행복합니다.

비록 물새들처럼 날지 못할지라도, 그래서 물 위의 자유를 말하지 못할지라도, 물가에 서서 발목을 적시는 자유뿐일지라도, 나는 행복합니다.

그 마음은 이미 수평선 너머에까지 이르러 있기 때문입니다.

누군가와 멀다고 느낄 때, 누군가 거칠다고 느낄 때, 크고 부드러운 마음을 펼쳐보십시오.

그 마음이 닿는 곳마다 새로운 사랑이 열릴 테니까요.

아름다운 삼배

세상에서 가장 하기 힘든 말. 이제 그만 가.

그리고 잘 지내. 짧지만 가장 긴 이별의 말.

세상에서 가장 아름다운 말. 나마스테 라는 말.

세상에서 가장 아픈 말.

넌 사람도 아니야, 하고 단정하는 말.

템플스테이를 하는 날 저녁, 차담에 앞서 참가한 사람들이 서로 마주서서 삼배의 예를 올립니다.

"당신을 신뢰합니다." 하며 일배, "당신을 존경합니다." 하며 또 일배, 그리고 "당신은 나의 부처님이십니다." 하며 일배.

절을 하면서 나는 정말 상대방을 그렇게 대하고만 싶었습니다.

나의 믿음과 존경과 부처님으로 그 모두를 껴안고만 싶었습니다.
상대를 향해 절을 하면서 나는 그렇게 맑게 열리는 자신을 만난 것입니다.
한없이 낮아지는 절.
그 안에서 자라는 믿음과 존경과 귀의의 진실한 말씀을 들었습니다.

그리움

그
리
움

높고 쓸쓸함

함께 가는 것이 시작이다.

함께 하는 것이 발전이다.

함께 일하는 것이 성공이다.

산중에 살다 보면 가끔 적적할 때가 있습니다.

그럴 땐 산길을 걷습니다.

파란 하늘을 만나고 바람을 만납니다.

때때로 잔잔한 물결이 이는 감동이 남습니다.

그래도 하늘과 바람과 꽃으로도 적적함이 메워지지 않는 시간들이 있습니다.

그럴 때면 바다로 갑니다.

바닷가에서 온종일 바다의 소리를 들으며 해변을 걷거나 앉아 있습니다.

가슴이 후련합니다.

저 먼 수평선 너머의 세상이 그립기도 합니다.

수평선 넘어 가고 또 가면 다시 이 자리로 돌아올 것도 알고 있습니다.

그래도 바다는 멀리 떠나라는 유혹의 소리를 멈추지 않습니다.

그 먼 곳이 마치 피안인 양 말입니다.

그럴 때면 나는 사람을 찾아 나섭니다.

도반을 만나 밤이 새도록 차를 마시며 얘기를 나눕니다.

사람과의 대화는 때로 꽃들의 얘기보다도 아름답게 다가올 때가 있습니다.

순간 잘 왔다는 생각이 듭니다.

도반이 건네는 한 잔의 차와 말 한마디가 내 삶의 적적함을 재워줍니다.

그 시간이 지나면 나는 다시 처음의 자리로 돌아옵니다.

바로 자신에게로 말이죠.

살아 있다면 우리는 언제나 그 무언가와 함께 합니다.

그래서 인생은 여행이기도 합니다.

언제나 그 무엇과 함께 하고 있다는 것을 잊지 않고 살았으면 좋겠습니다.

도반

두 도둑이 죽어 저승에 갔다.

한 도둑은 남의 재물을 훔쳐 지옥에 갔고,

한 도둑은 남의 슬픔을 훔쳐 극락에 갔다.

외로울 때면 떠오르는 도반이 있습니다.

그를 떠올리면 왠지 외로움이 조금 가시는 것만 같습니다.

아마 그와는 내 인생의 가장 외로운 시기에 만나서 그런 것 같습니다.

외롭던 내 산중의 생활에 그는 즐거움이자 위안이었습니다.

나보다 더 힘들 때에도 그는 언제나 미소를 잃지 않았습니다.

그는 참 넓은 사람이었습니다. 그 바다 같은 삶의 너비 속에 있노라면 내 외로움도 희석되는 것만 같았습니다.

나는 때때로 그의 넓은 삶에 내 슬픔을 던져 놓고 그것이 흐려져가는 과정을 지켜보았습니다.

가만히 생각해 보면 그는 자유로운 사람이었습니다.

그는 마음이 가는 곳으로 언제나 떠나기를 주저하지 않았습니다.

소리도 없이 사라졌다가 먼 곳에서 불현듯 소식을 전하던 사람.

그가 보낸 편지에는 간간이 연탄의 검은 자국이 묻어 있었고, 먼 이국의 문자들이 주소란을 메우고 있곤 했습니다.

램프 불 아래서 언 손을 비벼가며 편지를 쓴다는 글귀를 보고 오히려 나는 그 삶의 따뜻함을 보고는 했습니다.

그에게는 이 세상 전부가 삶의 무대인 것 같았습니다.

어디에서나, 그 거친 삶의 막장에서도 그는 사람들에게 따뜻한 난로가 되어 곁에 있었습니다.

그에게는 세상 많은 사람들의 슬픔과 외로움이 비처럼 내렸습니다.

그는 그 외로움을 꽃으로 피우는 사람이었습니다.

외로운 사람들의 피안이 되는 사람이 나였으면 좋겠습니다.

친구

백 명의 친구는 너무 적다.

한 명의 적은 너무 많다.

친구. 참 좋은 말입니다.

친구라는 단어를 붙잡고 있으면 수많은 얼굴들이 떠오릅니다.

내 삶의 과정 과정을 함께 했던 친구들.

그네들이 있어 나는 행복했고, 그네들이 있어 내게 추억도 있습니다.

지금은 자주 만나지 못하더라도 그네들은 이미 내 가슴속에 있습니다.

그 얼굴은 지워지는 얼굴들이 아닙니다.

때때로 그리움이 밀려올 때면 나는 내 가슴에 간직한 그네들의 얼굴을 떠올려 봅니다.

그것만으로도 그리움이 조금씩 사라지는 것을 느낍니다.

살아가면서 우리는 몇 명의 친구를 만날 수 있을까요.

그것은 아마도 우리들 가슴, 사랑의 크기와 비례할 것입니다.

사랑이 크면 많은 친구를 만날 수 있고, 사랑이 작으면 그냥 적은 수의 친구를 만날 수 있을 뿐입니다.

그리고 가슴에 사랑이 큰 사람만이 진실한 친구를 만날 수 있다는 것을 기억해야만 합니다.

가슴에 넘치는 사랑이 있다면 인생은 행복할 것입니다.

도량을 쓸며

행복의 원칙은

첫째 일을 할 것. 둘째 사람을 사랑할 것. 셋째 희망을 가질 것.

아침에 도량을 쓸니다.

바람에 날려 흩어진 나뭇잎들을 쓸 때면 마음이 참 평안합니다.

마치 내 마음의 번뇌를 쓸어내는 것 같기 때문입니다.

이렇게 일을 한다는 것은 삶에 기쁨을 줍니다.

예전의 스님들은 일을 참 많이 했다고 합니다.

손수 농사를 짓고 살던 시절의 이야기지요.

먹을 것도 입을 것도 그리 넉넉하지 않았지만 행복했을 것이라는 생각이 듭니다.

함께 땀 흘리고 조금씩 나누어 먹는 삶의 자리.

그 자리는 단순하고 소박해 스님들의 마음을 참 행복하게 했을 것입니다.

삶이 단순하고 소박해지면 마음 또한 그리 되는 것이니까요.

춥고 주려야 도 닦을 마음 낸다는 말이 있습니다.

그 시절 스님들의 마음은 도 닦을 마음이 가득했을 겁니다.

일이 있고 함께 나누어야 할 도반이 있기에 그리고 성불에 대한 희망을 지녔기에 청빈한 행복을 만날 수 있었던 우리의 선배 스님들.

아침에 도량을 쓸며 나는 문득 오래된 삶의 자리를 그리워합니다.

어쩌면 지금 우리들 수행의 자리는 그 자리와는 너무 멀다는 생각이 듭니다.

빗자루에 몸을 기대고 선 도량에서 앞서 살다 간 수행자들의 웃음을 그려봅니다.

산에 살아도 산이 그립습니다

산은 바람소리가 있어 심심하지 않습니다.

바람의 소리를 들으며 산은 먼 시간대의 소식을 추억처럼 되새길 겁니다.

바람소리가 한 번 지날 때마다 전설 같은 추억을 떠올리며 산은 미소지을 겁니다.

산에 사는 나도 바람소리가 있어 산에 더욱 더 깊이 묻힙니다.

바람소리가 한 번 나의 처소를 지나칠 때마다 산에 대한 사랑이 점점 더 깊어만 갑니다.

산에 살자, 산에 살자, 라는 다짐을 바람소리에 실어 더 깊은 산으로 떠나보냅니다.

바람소리는 산을 더욱 더 깊게 하고 내 마음에 그리움의 연못을 팝니다.

산에 살아도 산이 그리운 것은 바람소리가 내 마음에 그리움을 남기기 때문입니다.

먼 옛날, 나무꾼이 한가롭게 나무 지게를 지고 오르던 산길.

가을꽃들이 피어 손을 흔들던 그 시간을 산이 기억하듯, 내가 산에서 살아가는 시간도 그렇게 산이 기억할 수 있었으면 좋겠습니다.

산에 바람소리가 낙엽처럼 떠다닙니다.

아버지의 추억

아버지란 울 장소가 없기 때문에 슬픈 사람이다.

산길을 걸으며 형님이 내게 말씀하셨습니다.

방학 때면 시골집에 내려와 아버지가 운전하는 트럭을 타고 다녔다고.

산골 마을 농가에서 자던 일.

그리고 진달래를 가득 따서 차를 장식하고 보닛 앞에 앉아서 가던 일.

지금 우리가 걷고 있는 이 길도 그렇게 아버지 차를 타고 다녔다고 했습니다.

방학 때면 서울에서 친구들을 데리고 내려와 재 너머에 텐트를 치고 자기도 했다고 했습니다.

기차가 다니지 않는 마을.

1960년대 초의 트럭은 신기한 것이기도 했습니다.

그런 신기한 트럭을 타고 아버지 옆에 앉아 집에 돌아오는 길은 행복했을 거라는 생각이 듭니다.

산길을 걸으며 나는 형과 아버지의 추억을 만납니다.

감자와 옥수수로 지은 밥을 촌가에서 얻어먹고 진달래꽃을 가득 따 차를 장식하던 부자.

나는 문득 산길에 추억의 비 하나 세우고 싶었습니다.

'추억이 있는 한 우리 외롭지 않으리라'는 비명과 함께 말입니다.

차마 그곳이 꿈엔들 잊힐리야

이메일을 열다 고향에 가실 약속을 지켜드리겠다는 문구를 보았습니다.

고향이라는 말을 듣는 순간 맘이 설레었습니다.

가끔 고향이 그리워 아무도 몰래 고향에 다녀온 적이 있습니다.

이미 오래 전에 떠난 고향.

내가 살던 집도 그 근처만 알 수 있을 뿐, 그 이상은 알 수가 없었습니다.

고향 가는 길.

신작로 길을 따라 걸어오는 아주머니를 보며 어머니를 떠올렸습니다.

길도 집도 사라져가고 있는 고향.

고향은 이제 시간 속에서 지워져가고 있었습니다.

사람들이 떠나고 집들이 쓰러져가는 고향.

어쩌면 우리 가족이 함께 한 시간도 역시 그렇게 폐허가 되어 사라질 것만 같습니다.

추억이 사라져버린 공간.

고향에 간다는 그 맘 역시 잊어야 할 날이 올 것만 같습니다.

그래도 사라져가기 전에 그 고향에 한 번 더 가보고만 싶습니다.

마음의 고향

가을바람입니다.

하늘 역시 가을 하늘입니다.

푸르고 맑은 가을 하늘을 보면 막연히 그리움 같은 것이 일어납니다.

하늘 맑고 푸른데, 내 마음에는 조금은 외로운, 조금은 아련한 그리움이 피어오릅니다.

가을의 애수.

이것은 어쩌면 마음의 고향을 잃어버린 상실감에서 오는 것만 같습니다.

마음의 고향을 잃었기에 가을 하늘 아래서 이렇게 향수에 젖는 것인지도 모르겠습니다.

살아가는 것은 마음의 고향을 찾아가는 것입니다.

지금 우리들의 주소는 번뇌의 주소일뿐입니다.

그래서 지금 우리들의 거처에는 변치 않는 행복은 없습니다.

객지에서 잠시 몸을 피할 객사에 들어와 있을 뿐입니다.

번뇌가 아닌 행복의 주소.

그것은 우리들 마음의 고향 주소입니다.

슬픔도 공포도 모두 사라진 자리.

그 자리가 그리워 가을 하늘 아래 길을 오늘도 걸어갑니다.

나의 색깔을 묻습니다

바다를 앞에 두고 자리한 들녘을 거닙니다.

푸른 바다와 마주해 노랗게 익어가는 낟알들.

푸름과 노랑.

그 사이를 걸으며 나는 나의 색깔을 묻습니다.

나의 색은 무엇일까.

꿈 많던 내 어린시절은 푸른색이었을 겁니다.

삶이 하찮아 보이던 내 허무한 젊은 날의 색은 회색이었을 것이고, 출가를 하고 그리움을 품고 살던 날들은 연두빛이었을 겁니다.

출가를 하고 가슴에 그리움이 일렁이던 시간들.

그 시간들은 내 인생의 봄날이기도 했습니다.

부처에 대한 그리움. 산사와 풍경에 대한 그리움.

그리고 두고온 내 시간과 풍경들에 대한 그리움으로 가득했던 시간들이 내게는 어쩌면 가장 행복했던 시간이라는 생각이 듭니다.

지금의 나의 색은 무엇인지 모르겠습니다.

이 시간이 지나면 지금 내 삶의 색을 알 수 있을까요.

그 색이 내 초발심의 색이었으면 좋겠습니다.

옥수수 하모니카

우리 아기 불고 노는 하모니카는 옥수수알 길게 두 줄 남겨 가지고 만들었어요.

동요처럼 옥수수알 두 줄을 하모니카처럼 불던 날들이 있었습니다.

입술을 이리대고 저리대고 허밍으로 흥흥거리던 시절.

먼곳에서 괴나리봇짐에 도시락을 싸오던 국화의 밥은 언제나 옥수수밥이었습니다.

커다란 감자 뚝뚝 쪼개서 옥수수밥 위에 턱 박아 놓은 국화의 옥수수밥.

학교 뒷산 너럭바위 나무 그늘 아래 앉아 밥을 먹을 때면 나는 언제나 국화와 밥을 바꿔 먹었습니다.

내 하얀 쌀밥과 국화의 옥수수밥.

국화의 밥은 내 쌀밥보다도 맛있었습니다.

20리도 더 되는 길을 걸어 학교에 오던 국화가 사는 동네의 아이들.

쌀밥 한술씩 떠먹으며 맛있다던 그들의 표정이 옥수수알처럼 정답습니다.

옥수수밥을 먹어도 늘 즐겁던 그들의 마음.

옥수수 하모니카를 불면 그들의 그 마음이 노래가 되어 울릴 것만 같습니다.

행복했던 날들

생철지붕 아래서 살았습니다.

가을이면 밤 떨어지는 소리가 들리고, 비가 오면 빗소리가 실로폰 연주처럼 울려 왔습니다.

겨울에도 얼지 않는 샘에 나가 쌀을 씻고, 된장찌개를 끓여 먹던 시간들.

시간만 나면 산으로 들로 나다니던 시간들.

양은솥에 밥을 하고 혼자 먹는 밥이었지만 참 맛있었습니다.

밥 한술 먹고 하늘 한 번 보고, 야외 식탁에 앉아 밥을 먹을 때 하늘은 나의 반찬이기도 했습니다.

푸르고 향긋한 하늘의 내음.

밥 한술 뜰 때마다 나는 하늘을 먹었습니다.

부러울 것이 없는 시간들이었습니다.

가끔 외롭기도 했지만 그 속에서는 외로움까지도 가볍고 투명한 것이었습니다.

산이 정원이 되고 물소리가 가슴속의 미련을 씻고 가던 시간.

그 시간의 삶의 풍경들을 다시 한 번 만나고 싶은 아침입니다.

기차를 타고 가을 속으로

기차를 타고싶습니다.

기차를 타고 가을 속으로 달려가고싶습니다.

가서 황금빛 들녘을 만나고 어머니의 다듬질 소리도 듣고싶습니다.

가을 햇살을 담고 흐르는 개울에 앉아 발을 적시기도 하고, 단풍든 산길을 따라 마냥 걷고도싶습니다.

가을은 우리 모두를 방랑자가 되게 합니다.

이유도 없이 단풍빛 드는 이 마음의 설렘을 피할 수가 없습니다.

그냥 마음의 움직임에 순하게 순종하고만 싶습니다.

이 생각 저 생각 현실적인 생각들은 다 접고, 푸른 하늘처럼 자유롭고 단풍처럼 고운 생각으로만 온통 마음을 가득 채우고싶습니다.

내 마음에 기적이 웁니다.

그리고 낙엽이 지는 가을을 달리는 기적소리가 들려옵니다.

내 만행의 발짝 소리처럼 다가와 내 가슴의 문을 엽니다.

일상의 문에서 나오라고 유혹합니다.

기차를 타러 가고싶은 아침입니다.

그래서 꼭 가을을 닮고 싶은 아침입니다.

내 인생의 시간

내 마음속에 아직도 남아 있는 소리가 있습니다.

출가하기 전 제주도를 만행하다 늦은 밤 담 넘어 들려오는 어느 가족들이 속삭이는 소리를 들었습니다.

불 밝힌 집 대청에서 단란하게 들려오던 그 소리에 그만 발길을 멈추었습니다.

행자가 되어 살던 시절.

그 시절에도 소리 하나를 만났습니다.

도량을 쓸고 가던 늦가을의 감잎 뒹구는 소리.

어둠 내린 산사에서 고요히 정좌하고 앉은 자리로 감잎 구르는 소리가 다가와 내 마음에 조용한 파문을 남기고 갔습니다.

때론 그리움으로 때론 외로움으로 다가오는 그 소리들, 형체도 없는 소리에 사로잡히던 그 시간들이 문득 그리워집니다.

그 시간이 어쩌면 가장 맑게 깨어 있는 시간이었나 봅니다.

깨어 있어 모든 것이 생생하게 다가오던 시간들.

내 인생의 시간들 속에서 그것은 잊을 수 없는 시간이기도 합니다.

이제 어느 시간에 그렇게 깨어 있을 수 있을지 알 수가 없습니다.

조금은 외롭고 조금은 그리움에 눈물 고이던 그 시간들이 문득 그리워집니다.

사람이 그리운 날

사람이 그리워 비로소 사람이라는 말을 떠올려봅니다.

산에 사는 나도 가끔씩 아주 가끔씩 사람이 그리운 것을 보면 사람인가 봅니다.

괜찮다가, 그냥 아무 생각 없다가, 비가 내리거나 바람이 부는 날이면 사람이 그리워지곤 합니다.

바람은 그리움을 몰고 오고, 비는 내 온 전신을 적시며 그리움을 남기고 갑니다.

사람이 그리운 그 순간들이 싫지 않습니다.

빗소리를 들으며 누군가와 마주 앉아 차 한 잔을 나누는 일은 삶을 따뜻하게 하는 일이기 때문입니다.

고독한 삶의 자리에서 잠깐씩 그런 따뜻함을 만날 수 있다면 그것은 삶의 기쁨이기도 합니다.

가을은 바람이 있어 모든 것이 그리워지는 계절이기도 합니다.

바람결에 실려 오는 가을 하늘 같은 그리움.

이 그리움이 가슴에 걸리는 것이 아니라 그냥 햇살처럼 가슴을 한 번

스치고 지나가는 것이었으면 좋겠습니다.

녹차를 내리는 소리, 그런 소리처럼 맑은 그리움의 소리를 만나고 싶습니다.

한 장의 사진

언젠가 불현듯 아버지, 어머니의 사진을 지니고싶은 적이 있었습니다.

양친께서 세상을 떠나고 한참 만의 일입니다.

사진을 지니고 다니며 가끔씩 보았습니다.

꼭 살아계실 적 모습을 대하는 것만 같았습니다.

아버지, 어머니의 사진을 보며 때로는 눈시울을 적시고, 때로는 이야기도 건넸습니다.

그러나 대답은 없으셨습니다.

서서히 빛을 바래가던 사진.

어머니는 고운 우단치마에 비단 한복을 입으셨고, 아버지는 양복을 입은 모습입니다.

아버지, 어머니에게 정장은 드문 일이었습니다.

아마 그날은 사진을 찍기 위해 일부러 그렇게 정장을 하셨던 것 같습니다.

그 사진을 내가 가지고 봅니다.

그 어느 때보다도 멋지게 멋을 내신 그날의 사진을.

사진 속으로 들어가고 싶었습니다.

사진보다도 짧은 인연. 한 장 사진 속에서 무상한 인생을 봅니다.

이별의 아름다움

이별은 떨어져 있는 것만이 아닙니다.

떨어져 있는 만큼의 거리를 그리움이 메우고 있는 것입니다.

그리움으로 이별의 아픔이 있고 만남의 기쁨이 있습니다.

사람이 사람을 그리워하고 그 그리움으로 다시 사랑을 알게 하는 이별은 어쩌면 아름다운 일인지도 모릅니다.

내게도 긴 이별의 이야기가 있습니다.

눈이 내리던 신새벽의 이별.

눈송이처럼 남겨져 손 흔들던 아버지의 모습.

그리고 뒤돌아보며 울던 아우와 나.

그 후 만남은 가끔이고 오랜 이별의 시간을 우리는 살았습니다.

기적소리가 들리고 바람이 부는 밤이면, 고향 그리워 아버지, 어머니 그리워 울던 날들.

이제는 영원한 이별 속에 서 있습니다.

이 완전한 이별 속에서도 그들은 여전히 그리운 얼굴로 떠오릅니다.

그들이 그리울 때면 나는 기도합니다.

한주 향을 사르고 그들과 윤회의 어느 시간에 다시 만나기를 기도합니다.

이별은 함께 있지 않지만 아름다운 바라봄입니다.

그리움이라는 거리를 앞에 두고 마주 선 자리.

그래서 이별은 아름다운 것이 됩니다.

참 좋은 소식

차가운 대기 속을 뚫고 온 한 줌 볕이 따뜻합니다.

내 언 마음에 다가오던 풍경소리가 따뜻했고, 부처님의 미소 역시 그랬습니다.

상심한 마음에 햇살처럼 떨어지던 풍경소리 그리고 무지개처럼 번져나가던 부처님의 미소.

그 순간 세상 어디에도 길은 있다는 것을 알 수 있었습니다.

따뜻하고 의미 깊은 길에 나는 지금 서 있습니다.

그 길에 서서 바라보면 세상은 그리 욕심낼 것이 아니고 그리 서두를 것이 없다는 것을 알게 됩니다.

바쁘기보다는 조금 느리게, 한 곳을 바라보기보다는 조금 두리번거리며 사는 것이 아름답다는 것을 느끼게 됩니다.

세속적인 것의 성취보다는 의미의 완성이 훨씬 더 아름답다는 것을 이제서야 알게 된 것입니다.

이제 모든 것을 받아들일 넓은 마음 하나를 비로소 만났습니다.

그 넓은 마음 안에는 당신도 있고, 별도 있고, 풀잎들의 몸짓도 있습니다.

모두가 더불어 사는 세상의 소식이 참 좋은 소식이라는 것을 이제야 압니다.

교감

세상에는 나만이 아는 곳들이 있습니다.

아주 은밀하고 그윽한 곳.

그곳에는 내가 그리워하는 것들이 살고 있습니다.

칠흙 같은 어둠과 고요.

그리고 그 어둠에 더욱 또렷하게 빛나는 별.

봄이 와도 녹지 않는 눈.

그곳에 가면 나는 무장해제를 합니다.

아무런 생각이나 어떠한 의도도 없이 그냥 바라보기만 합니다.

밤늦도록 별을 바라보고, 얼음장 밑으로 흐르는 물소리를 듣고, 그리고 눈길을 밟으며 한참이나 산길을 걷습니다.

그냥 걷고 바라보는 것만으로도 좋은 곳.

연애하는 사람의 가슴 설렘을 나는 그곳에 가면 느낍니다.

자연 하나를 사랑하고 교감하는 것이 내게 설렘을 줍니다.

말없이 바라보고 흐뭇하게 미소짓기.

행복은 이런 것 아닐까요.

깊은 고요 속에 떨어지는 별빛과 침묵이 건네는 잔잔한 삶의 기쁨을 만납니다.

열심히 걷다보면

내 기억 속에 아름다운 길 하나 있습니다.

자주 안개가 내리던 황톳길, 그 길을 걸어가며 별을 헤던 기억도 있습니다.

그 길이 내게 건넨 것은 세상의 아름다움이었습니다.

그때 나는 결심했습니다.

세상을 여행자처럼 살자고.

그냥 떠다닐 수 있다면 내 삶도 별처럼 그렇게 반짝일 것만 같았습니다.

내 기억 속에 부드러운 사람 하나 있습니다.

좋으면 좋은 대로 나쁘면 나쁜 대로 사람이기에 그럴 수 있다며 그 누구도 비난하지 않던 사람.

안으로 안으로 모든 것을 돌려서 볼 수 있는 그 마음의 깊이가 내게는 감동이었습니다.

그런 사람이 되고싶었습니다.

좋고 나쁜 것을 다 떠나 사람이니까 그럴 수 있다, 라고 말할 수 있는 그런 사람.

나는 그의 마음 자리를 향해 여행을 떠나보고 싶었습니다.

순하고 어질고 아름답게 사는 여행자.

나는 마침내 운수납자가 되었습니다.

그러나 아직 내 삶은 별처럼 빛나지도 않고, 부드러운 마음의 소유자 역시 아닙니다.

그래도 이 길을 열심히 걷다보면 그런 날이 오리라는 희망을 잃지 않고 있습니다.

오늘 밤에도 별이 빛납니다.

선방에 내 꿈 하나 두고

선방에 대중공양을 갔습니다.

선방 가는 길은 언제나 좋은 것 같습니다.

상원사 선방을 오르며 걸망을 메고 선방 다니던 시절을 떠올렸습니다.

석 철을 다녔을 뿐입니다.

결제가 있고 해제가 있던 그 시간.

선방에 사는 사형에게 나는 말했습니다.

아예 나오지 말고 그냥 선방에서 살다가 죽으라고.

나는 못하고 있는 일 그에게는 하라고 말했습니다.

다니고 만나고 하는 모든 일 접고, 오로지 선방에서 나무등걸처럼 살라고 했습니다.

처음 출가할 때 그렇게 살고싶었습니다.

그러나 그렇게 살지 못하고 있습니다.

내 삶은 그렇게 자신의 의지를 외면하고 흘러온 것만 같습니다.

많은 것들을 잃고 살아가고 있습니다.

꿈도 희망도. 그러나 다시 꿈을 꾸고 희망을 지으며 살아가고 있습니다.

잃고 다시 꿈꾸는 것. 그것이 인생이라는 생각이 듭니다.

선방에 내 꿈 하나 두고 옵니다.

잘 가라는 사형의 손짓에 그곳에 서 있는 내 모습을 봅니다.

눈물을 닦고 일어나세요

답답한 때에는 하늘을 보세요.

그 어디에도 갇혀 있지 않은 하늘의 자유를 보면서 가슴을 펴세요.

괴로울 때는 나무를 보세요.

어두운 땅 속에 뿌리박고도 푸르게 자라나는 나무의 용기를 배우세요.

우울한 때에는 태양을 보세요.

어두운 구름 속에서도 그 빛을 잃지 않고 환하게 웃고 있는 태양의 미소를 그려보세요.

외로울 때는 달을 보세요.

별 하나 가슴에 안고 소요하는 달을 보며 외로움을 녹이세요.

눈물이 날 때는 그대 곁의 사람을 보세요.

내 눈물을 닦아줄 사람이 자신의 가장 가까운 자리에 있다는 사실을 떠올리십시오.

그러면 그대는 눈물을 닦고 웃음과 함께 일어날 수 있을 겁니다.

인연

인
연

미움과 원망이 없는 이별

살다가 싫어지면 그냥 참고 사십시오.

그래도 싫어지면 또 한 번 참고 사십시오.

참을 수 없을 만큼 싫어지면 먼 전생의 시간을 떠올리십시오.

그 사람과의 관계에서 구박받고 설움받던 자신의 모습을.

그때 그 마음의 아픔을 떠올리십시오.

그래도 어쩔 수가 없다면 말하십시오.

더 이상 참을 수가 없다고.

그리고 당신은

그 말을 들었을 때 노여워하지 마십시오.

슬퍼하지도 마십시오.

그냥 받아야 할 것을 받았다고 생각하십시오.

면 전생의 어느 시간에 학대하고 구박하던 자신의 모습을 떠올리십시오.

당신의 구박과 외면에 너무나 아파하던 한 사람을 떠올리십시오.

그 사람이 바로 내 앞에서 헤어지자고 말하는 사람이라는 사실을 생각하십시오.

미안하다는 말 이외에 무슨 말을 할 수 있을까요.

만남도 중요하지만 헤어짐도 중요합니다.

미움과 원망이 없는 이별은 그 어떤 만남보다도 값진 것입니다.

이별하되 이별 아닌 것처럼 그렇게 이별을 하십시오.

금생은 그렇게 전생의 빚을 갚아가는 시간입니다.

행복을 꿈꾸는 사람

가난 속에서 미소 지을 수 있는 사람은 행복합니다.

고구마로 아침을 먹으면서도 먼 훗날의 추억을 위해서라고 말할 수 있는 사람은 행복한 사람입니다.

행복은 때로 조건을 벗어나 있습니다.

불행의 조건도 어떤 사람에게는 행복의 조건이 되기 때문입니다.

불행의 조건을 능히 행복의 조건으로 바꾸어가는 사람들은 아름답습니다.

그러나 행복의 조건을 불행의 조건으로 바꾸어 가는 사람들도 있습니다.

그런 사람들은 늘 불행합니다.

나는 왜 이런거야, 하고 푸념합니다.

그들은 스스로 불행을 만들고 있다는 사실을 알지 못합니다.

끊임없이 불행을 만들어내는 자신은 보지 못하고 언제나 밖을 바라볼 뿐입니다.

모든 것은 마음에 달렸습니다.

불행 속에도 능히 행복을 꿈꾸는 마음을 지닌 사람은 그 마음에 연꽃 하나 피워 올릴 수 있습니다.

마음속에 핀 연꽃 한 송이는 그래서 언제나 아름답습니다.

결혼

결혼은 내게 있는 모든 것을 누군가와 함께 공유하는 것을 의미합니다.

내게 있는 것을 혼자 가지려 할 때 결혼은 의미를 잃게 됩니다.

내게 있는 것이 너무 빈약할 때 결혼은 건조한 것이 되고 맙니다.

내게 있는 것이 너무 사나울 때 결혼은 싸움이 되고 맙니다.

내게 있는 것이 온통 슬픔뿐일 때, 결혼은 눈물에 젖게되고야 맙니다.

내 마음이 너무 좁을 때 결혼은 또한 방황이 됩니다.

결혼은 또한 그대에게 있는 모든 것을 수용하는 것입니다.

그대가 마음 아파할 때 즐거움이 되어 다가가는 것이 결혼입니다.

그대가 외로워할 때 그 곁에 따뜻한 불빛이 되어 지켜주는 것이 결혼입니다.

그대가 추억에 잠길 때 조용한 음악이 되어 흐르는 것이 결혼입니다.

모든 것을 나누고 모든 것을 받아들이는 결혼.

행복한 결혼은 나눔과 포용으로 서로의 가슴을 향해 걸어오는 것입니다.

느낌

느낌은 나를 살아 있게 합니다.

느낌이 다가오는 순간, 내 생명의 어느 부분이 열리는 것만 같습니다.

생명이 아름답게 살아오기 위해서는 맑고 아름답게 느끼는 것이 필요합니다.

바람을 맑게 느끼는 것, 꽃을 아름답게 느끼는 것, 사람을 따뜻하게 느끼는 것, 못된 사람을 연민으로 느끼는 것, 그 순간 우리들의 생명은 아름답게 열립니다.

우울하게 느낄 때, 혐오의 감정을 지닐 때, 아무런 느낌없이 바라볼 때, 우리들의 생명은 거칠게 일어나 우리들 삶을 어지럽게 흩어놓아버립니다.

단아하고 아름다운 삶을 위하여, 삶이 언제나 감동의 연속이기 위하여 아름답게 느끼고 맑게 느끼는 것이 필요합니다.

오늘 아침 무엇을 느끼셨습니까.

바람, 하늘, 강물을 한 번 느껴보십시오.

그러면 당신은 맑은 느낌으로 아름답게 열리는 생명의 자리를 만날 수 있습니다.

천직을 가진 사람

천직은 태어날 때부터 가지고 온 직업이 아닙니다.

천직은 그 일이 좋고 그냥 하고싶은 것이 천직입니다.

하면 할수록 마음에 기쁨이 샘솟고 콧노래가 흥얼흥얼 나오는 것이 천직입니다.

수입과도 상관없고 일의 고됨과도 상관없이 그냥 그 일을 하는 것이 좋을 때 그대는 천직을 가진 사람이 됩니다.

머리를 깎든, 청소를 하든, 시장 좌판에서 물건을 팔든, 그 일이 즐거우면 그 일은 천직이 됩니다.

수많은 사람들이 많은 직종을 갖고 있지만 천직을 가진 사람은 많지 않습니다.

그 일을 하면서 마지못해 하고, 기쁨을 잃은 채 하고 있기 때문입니다.

천직을 잃으면 삶의 기쁨 하나를 잃어버리는 것입니다.

오늘 당신이 하는 일을 돌아보십시오.

난 정말 기쁨 속에서 일을 하고 있는가, 하고 말이죠.

당신이 하는 일이 기쁨이라면 당신은 천직을 가진 행복한 사람입니다.

헤어짐이 슬프지 않는 이유

백 장 묶음의 종이 뭉치가 있다.

여기서 단 한 장을 빼내면 아무도 모를 성싶다.

하지만 세어보면 어디까지 아흔아홉 장이지 백 장은 되지 않는다.

계곡에 앉아 물소리를 듣습니다.

아직 채 얼음이 녹지 않은 그 아래로 물들의 조용한 행진 소리가 들립니다.

따사로운 햇살이 얼음을 걷어내면 물은 그 맑은 얼굴로 하늘을 보며 흐르겠지요.

그날 하늘과 이 계곡의 물이 비로소 해후하는 날입니다.

어떨까요? 삼동 내 하늘 그리웠던 물의 표정은.

그리고 하늘의 표정은요.

헤어짐이 있어 만남이 반갑습니다.

헤어짐이 없다면 만남 또한 없겠지요.

그래서 만남과 헤어짐은 별개의 것이 아닙니다.

헤어짐이 슬프지 않는 이유가 여기 있습니다.

금생이 아니더라도 먼 후생 어느 시간대에선가 헤어짐은 만남이 되어 찾아올 것입니다.

헤어짐 앞에서도 긴 시간을 생각하는 느긋함은 아름답습니다.

얼음이 얼고 물의 얼굴이 닫히던 그날, 하늘도 물도 그런 심정이었을 것입니다.

봄이 오면 또 만날 거야, 하는 심정의 확신이 있었을 겁니다.

그 약속, 하늘의 별들은 알고 있었겠지요.

인생 어느 순간의 잃음과 헤어짐을 너무 슬퍼하지 마십시오.

어느 순간엔가 그 모든 것들을 다시 만나게 될 테니까요.

느리고 느긋하게 시간을 사는 법을 배우고싶습니다.

이별이 아름다운 삶

헤어짐과 만남이 없다면 떨리는 가슴으로 기쁨과 슬픔을 끌어안을 수 없다면 영혼은 무슨 의미가 있을까.

인생은 또 어떤 이름일까.

이별이 아름다운 삶이 아름답습니다.

만남은 이별까지도 만남입니다.

이별은 상대를 놓는 것이 아니라 상대를 향한 자신의 마음을 놓는 것입니다.

그래서 이별은 집착을 벗어난 자신과의 또 다른 만남이 됩니다.

살다 보면 우리는 많은 이별과 마주하게 됩니다.

원하든, 원하지 않든 우리들 삶은 이별을 전제로 하고 있습니다.

그래서 만남을 아름답게 가꾸어가듯 이별 또한 아름답게 가꾸어가야만 합니다.

이별 역시 우리가 가꾸어가야 할 인생의 정원이기 때문입니다.

만남이라는 인생의 정원에 화사한 꽃이 만발하듯이 이별이라는 인생의 정원에도 역시 꽃들이 가득 자리하고 있어야만 합니다.

그래야 인생 그 전체가 아름다울 수 있기 때문입니다.

만나고 이별하는 이 모든 시간들이 인생의 아름다운 변주입니다.

만남에 너무 집착하면 이별은 아픔이 됩니다.

하나의 꽃씨 속에는 아름다운 꽃나무 전체가 들어있듯이 우리 삶 속에는 만남과 이별이 함께 자리하고 있다는 것을 생각하고 살아야 합니다.

내가 사는 절은 맑은 날보다 비가 오고 흐린 날이 더 아름답습니다.

가끔 이별이 더 아름다운 삶에 대해 생각했으면 좋겠습니다.

칭찬이 만드는 세상

하늘에서 소낙비가 내리는 것은 나를 향한 꾸중이고, 잔잔한 햇살이 내리는 것은 나를 향한 칭찬이라고 생각해봅니다.

바람이 세차게 부는 것은 나를 향한 나무람이고, 미풍이 가볍게 부는 것은 나를 향한 칭찬이라고 생각해봅니다.

그렇게 생각해서 그런지 비가 오고 바람이 거세게 부는 날은 우울하고, 햇살과 미풍이 함께 하는 날은 명랑하고 행복합니다.

그런 날은 누군가 무엇을 원하지 않아도 내게 있는 것을 주고만 싶습니다.

나와 무관한 하늘과 바람 앞에서도 내 마음은 이렇게 달라집니다.

사람들은 다 관계를 가지고 살아갑니다.

그래서 누군가 던지는 비난과 칭찬의 말 한마디가 우리 마음에 파문을 남깁니다.

비난의 말은 가슴에 파도를 일으키고, 칭찬의 말은 우리 가슴에 물결의 춤을 남깁니다.

물결의 춤을 따라 우리도 춤추게 되고 마음속 파도를 따라 우리 역시 격노하게 됩니다.

누군가 춤추는 모습을 보고싶다면 칭찬을 할 일입니다.

칭찬하고 칭찬해 우리들 세상에 비난이 사라졌을 때 세상에는 다툼이 사라지고 덩실덩실 춤들만이 가득할 것입니다.

연리지

다른 사람에 대한 배려가 나 자신에 대한 관심보다 커지는 순간, 비로소 성숙이 시작된다.

한 장의 사진을 봅니다.

나무 두 그루가 하나가 되어 있는 사진입니다.

우리는 그것을 연리지라고 부릅니다.

사진을 보며 나무의 사랑을 생각해 봅니다.

그 두 그루의 나무는 어쩌면 하나의 나무로 태어나야 할 인연이었다는 생각이 듭니다.

그러나 하나가 되지 못한 나무들은 자라면서 서로에게 하나가 되고싶

은 마음을 전했을 것입니다.

상대를 향한 마음이 커지고 그 마음에 무게 실릴수록 나무들은 마음의 방향을 따라 서로를 향해 기울어 갔을 것입니다.

애처롭게 바라만 보다가 마침내 하나가 된 나무들은 그 순간, 얼마나 기뻤을까요.

한 장의 사진 속에 해후의 기쁨이 잔잔하게 전해져 옵니다.

오늘 아침 사진 한 장이 내게는 행복입니다.

나무의 전생을 그리고 현재를 상상하는 것만으로도 이 아침 나는 충분히 행복합니다.

그리고 연리지를 보며 지금의 내 모습도 그렇게 부처를 향해 기울어갔으면 합니다.

기울고 기울다 내 마음의 부처와 맞닿을 수만 있다면 그 순간은 또 얼마나 행복할까요.

만행길에서

세상 정다운 풍경 하나 있습니다.

창호지에 불빛 가득 번진 방에서 새어나오는 이야기와 웃음들.

만행길 떠돌다 그런 풍경 하나 만났습니다.

낮은 담 넘어 환하게 비치던 불빛.

그리고 그 불빛보다 더 환하게 그려지던 웃음과 얘기 소리들.

나는 걸음을 멈추고 하루살이처럼 그 불빛 속으로 뛰어들고 싶었습니다.

외로운 만행길에서 머물고 싶었던 그 풍경.

그것은 어린시절에 우리가 그렸던 풍경이기도 합니다.

아버지와 어머니 그리고 누이와 형제들이 모여 그려가던 세상의 난로와도 같던 그 풍경.

낯선 길에서 만난 불빛과 그 안의 웃음들이 내 추억 속의 풍경들을 그대로 그려줍니다.

세상 사는 맛, 그리 큰 것에 있지 않다고 그날 그 불빛은 내게 건네주었습니다.

작고 따뜻한 삶의 길.

그 길 위에 선 사람이고 싶습니다.

여유

오랜만에 도반을 만났습니다.

늘 만나던 사이였는데 이제는 바빠져 서로 잘 만나질 못합니다.

중 살림도 이렇게 바쁜 건가, 하며 우린 서로 웃었습니다.

중 살림보다 넉넉한 것이 없다고 했는데 그 여유를 잃고 사는 것만 같습니다.

하긴 어느 절 하나를 맡게 되면 주지에서 부전까지 다해야 하는 현실이기에 바쁘기는 합니다.

시장 보고, 기도하고, 상담하고, 법회 보고 스님들의 생활 역시 바쁘게만 돌아갑니다.

이제는 그저 일 년에 한두 번 만나는 것이 만남의 전부가 된 것만 같습니다.

자주 만나 며칠씩 만행을 다니던 날들은 이제 너무 힘든 일이 되어버렸습니다.

어디나 바쁜 삶. 산중도 바쁜 걸 보면 세상이 온통 바쁜 것만 같습니다.

한가한 곳 하나 없는 세상에서 나는 마음의 한가로움을 찾습니다.

마음의 한가로운 자리에서서 세상을 보는 연습을 해야겠습니다.

아름다운 관계

오래 사귀어 온 사람을 우리는 친구라고 합니다.

오래 사귀어 온 사람은 그만큼 이해의 폭도 큽니다.

웬만한 오해쯤 그냥 가볍게 지나칠 수 있는 사람의 관계가 아름답습니다.

오래 함께 살아온 사람들을 우리는 가족이라고 합니다.

태어날 때부터 함께 보아온 그들은 때로 다투기도 하고 서로 사랑합니다.

어디에 있어도 가장 먼저 떠오르는 얼굴들이 가족입니다.

가족은 둥지와 같고 돌아가 의지할 마음의 고향과 같습니다.

서로 남으로 살다가 하나가 된 사람들, 우리는 그들을 부부라고 합니다.

그들은 무촌이지만 갈라서면 남이 됩니다.

남이 될 수도 있고 님이 될 수도 있는 사람들.

그들은 세상에서 가장 아름다운 관계의 사람들이 될 수도 있고, 최악의 사이가 될 수도 있습니다.

친구, 가족, 부부 이들은 다 아름다운 관계의 사람들입니다.

아름다운 관계를 아름답게 가꾸어가는 일은 소중합니다.

관계를 소중하게 생각하는 것. 그것이 곧 아름다운 인생이니까요.

인사

인사는 내가 그대에게 드리는 존경의 마음입니다.

그대와 내가 맺는 소중한 인연에 대한 깨우침입니다.

우리가 이렇게 만나 인사하는 사이가 되기까지 수많은 생의 인연을 생각해봅니다.

지금 내가 그대에게 건네는 인사는 수천의 시간과 수만의 만남이 살아 있는 긴 인연의 인사입니다.

오늘 아침, 마주하고 있는 세상 모든 것과 더불어 인사를 나누어보십시오.

인사는 이렇게 가까워지는 것입니다.

몰랐던 인연을 깨우치고 반갑게 모든 것들과 마주하는 것입니다.

안녕하세요? 웃으며 그대에게 인사를 건넵니다.

이 아침 그대와 나는 더욱 가까이 있습니다.

여행길에서

미국 여행길에서 '세도나' 라는 곳에 들렀습니다.

그곳은 세계에서 기가 가장 센 곳이라고 하더군요

작고 아담한 도시 세도나.

그곳에서는 봄 여름 가을에는 사람들이 넘친다고 합니다.

기를 받기 위해서 미국 현지인들이 세도나를 찾아오기 때문이지요.

그래서 그런가요.

그곳의 대기는 투명한 붉은색 계통이었습니다.

연한 톤의 레드.

기의 색이 있다면 아마 그렇지 않을까싶은 상상을 해보았습니다.

기가 넘치는 자리를 찾아 나는 그곳에 앉았습니다.

눈을 감고 단전을 응시하며 기가 내게 유입되는 모습들을 그렸습니다.

코를 타고 목젖을 넘어 단전에까지 기가 유입되는 것이 느껴졌습니다.

곁에 서양인도 어쩌면 나처럼 그렇게 느꼈는지도 모르겠습니다.

기의 공유. 우리는 좌선을 마치고 나서 마주보며 웃었습니다.

평화가 이렇게 이루어지는 것만 같았습니다.

기를 체험하고 그 느낌을 공유하듯 우리 그렇게 평화를 공유해 나가기를 바라며 그곳에 희망 하나를 얹어두고 왔습니다.

악수

악수를 합니다. 악수는 그냥 손만 내미는 것이 아닙니다.

악수는 마음까지도 내미는 것입니다.

내민 손에 마음까지도 듬뿍 담아 내밀 때 진정한 악수가 됩니다.

악수를 하며 손을 잡는다는 것은 신뢰하겠다는 의지의 표현이고, 함께하자는 동행의 신호입니다.

세상의 모든 사람들은 각자의 길을 갑니다.

악수는 그 각자 길을 가는 사람들을 불러 세워 손을 잡는 일입니다.

내가 그대 곁에 있다고 일깨우는 일입니다.

혼자서 할 수 없는 일, 둘이 함께 하고 우리 전체가 함께 하면 얼마든지 할 수 있다는 깨우침을 건네줍니다.

혼자 살기에는 인생이 좀 외롭고 막막한 것이기도 합니다.

그러나 함께라면 인생은 살 만한 것이 됩니다.

인생은 함께 하나 되어 살도록 되어 있기 때문입니다.

외롭고 막막할 때는 악수를 하십시오.

마주 잡은 두 손에서 기쁨을 만나게 될 테니까요.

여여하십시오

만남이 있으면 헤어짐이 있고, 옛것이 있으면 새것이 있습니다.

그러고 보면 만남은 헤어짐이고, 옛것은 또한 새것이 되기도 합니다.

구분하고 살 일이 아닙니다.

만남에는 이미 헤어짐이 숨어 있는 것이고, 옛것에는 이미 새로운 것이 배어 있기 때문입니다.

그냥 평온하십시오.

만남을 큰소리로 기뻐하지도 말고, 헤어짐을 크게 슬퍼하지도 마십시오.

모든 것은 이미 그렇게 되어 있기 때문입니다.

우리는 작은 하나의 개체로 존재하고 있지만 끝없는 생명의 바다에서 살아가고 있습니다.

만남과 헤어짐을 구분하고 살지만 생명의 바다에서는 그냥 하나의 율동일 뿐입니다.

만남도 헤어짐도 슬픔도 기쁨도 모두 물결이 잠시 이는 것과도 같습니다.

집착도 탐욕도 모두 우리가 그려가는 거짓 몸짓일 뿐입니다.

여여하십시오.

물결은 일어도 물이고, 잔잔해져도 역시 물입니다.

언제나 고요한 당신, 그 모습에 눈이 부십니다.

때를 기다리는 사람

때를 알고 기다리는 사람의 모습은 아름답습니다.

성급하게 서두르지 않고 조용히 기다리는 사람의 모습에는 어떤 성숙함이 있습니다.

모든 것은 다 때가 있습니다.

이루어지지 않는다고 마음을 조급하게 닦달하지 마십시오.

때가 아니면 이루어질 수 없기 때문입니다.

모든 것은 다 인연이 도래해야만 이루어지는 것입니다.

기다리는 마음.

그 마음에는 세상의 순리가 담겨 있습니다.

최선을 다하고 기다리는 것, 그것이 어쩌면 우리가 할 수 있는 모든 것이라는 생각이 듭니다.

사람들은 때로 너무 성급하게 서두르고는 합니다.

그러고 보면 절망이나 낙담은 성급함의 자기표현입니다.

급하게 서두르다 스스로 무너지는 것은 시절과 인연의 의미를 모르는 사람들의 모습입니다.

때를 알고 때를 기다리는 사람은 낙담하거나 절망하지 않습니다.

기다리는 동안 다시 최선을 다하는 것이 시절과 인연을 아는 사람의 모습입니다.

그들은 다만 최선을 다할 뿐 결과를 예단하지는 않습니다.

그리고 최선을 다하는 그 과정을 기뻐하며 살아갈 뿐입니다.

달은 보름이 되어야 만월이 됩니다.

만월을 향해가는 달빛은 그저 기쁜 표정일 뿐입니다.

내면을 보는 지혜

아름다운 사람을 만나는 일은 행복합니다.

날마다 좋은 사람을 만나고 살 수 있는 사람은 복인福人입니다.

살다 보면 그것이 그리 쉬운 일이 아님을 알게 됩니다.

좋은 사람보다는 싫은 사람을 더 많이 만나고, 아름다운 사람보다는 추한 사람을 더 만나야 하는 것이 우리들 현실입니다.

욕심 없고 나누기 좋아하고 따뜻한 감성을 지닌 사람들을 만나면 그 느낌부터가 다릅니다.

그런 사람 옆에 서 있으면 말이 없어도 편안한 느낌이 전해져 옵니다.

사람들은 흔히 외모나 직업으로 그 사람을 평가하고 그것에 의하여 좋고 나쁨을 규정합니다.

상당히 계산적인 판단입니다. 그것에는 사람의 향기가 없습니다.

단순히 기계적인 그런 판단은 섣부른 만큼의 오류를 지니고 있습니다.

그 오류 속에는 아름다운 사람과 만날 수 없다는 불행이 포함되어 있습니다.

곁을 보는 사람은 언제나 곁만 볼 뿐입니다.

외모와 조건을 보는 사람은 안을 볼 수가 없습니다.

안을 볼 수 없을 때 아름다운 사람 또한 사라져버립니다.

지혜를 잃어버렸기 때문입니다.

조건과 외모로 사람을 만나는 사람은 아무리 오래 사람을 만나도 아름다운 사람을 만날 수 없습니다.

곁을 버리고 안을 보는 사람만이 진정으로 사람을 만나는 것입니다.

지금 그대 곁에 '자기 자신만큼 사랑할 사람'이 있는가?

없다면 스스로 자신의 안을 보는 지혜가 없음을 한탄할 일입니다.

마음의 모습

수많은 사람들이 있어도 사람들은 모두 다르게 다가옵니다.

어떤 이는 차갑게 또 어떤 이는 따뜻하고 믿음직스럽게 다가옵니다.

그냥 아무 말없이 앞에 서 있을 뿐일지라도 그 느낌은 다르게 다가옵니다.

그러고 보면 우리가 만나는 것은 외모가 아니라 마음의 모습인지도 모르겠습니다.

그 마음의 모습을 만나고 우리 느낌을 가지게 되는 것이겠지요.

어떤 사람은 아무리 좋은 말을 해도 미덥지가 않고, 어떤 이는 말이 없어도 믿음직스러운 것은 그 사람의 마음이 믿음직스럽게 다가오기 때문입니다.

마음은 말로 전해지지 않습니다.

마음은 모습으로 전해지지도 않습니다.

마음은 말과 형상을 떠나서 전해집니다.

누군가에게 좋게 다가가고싶다면 마음을 좋게 다듬을 일입니다.

욕심이나 고집은 잘라버리고 순하고 겸손하게 마음을 먹어보는 겁니다.

아름다운 만남의 시작은 외모에 있지 않습니다.

따뜻하고 밝은 마음을 가지는데서부터 아름다운 만남은 시작됩니다.

순응하며 사는 일

밤은 새벽이 오기 전까지의 시간입니다.

이별은 만남이 오기 전까지의 시간입니다.

아픔은 상처가 회복되기 전까지의 시간입니다.

눈물은 미소가 오기 전까지의 시간입니다.

새벽이 오면 밤은 사라지고 만남이 오면 이별은 사라져갑니다.

회복기의 아침이 올 때까지 아픔의 밤을 참는 것이 필요합니다.

눈물을 흘리면서도 언젠간 웃는 날이 올 거라는 사실을 믿어야만 합니다.

모든 것을 인연이라고 생각하는 겁니다.

그러면 모든 것들의 이유가 보입니다.

부당하지 않고 정당하다는 것을 알게 됩니다.

수긍하게 될 때 새벽 같은 미소는 찾아옵니다.

그것이 빛을 향해 걸어가는 사람의 진정한 모습입니다.

구절리 역

태백선 종점 구절리 열차 안에서 밤을 보냈습니다.

목적지를 지나 너무 멀리 온 것입니다.

새벽 안개가 피어오르는 역사와 그 안개 속에서 누워 있는 베어진 아름드리 나무들.

차창을 통해 밖을 내다보며 나는 마치 영화의 한 장면 속에 내가 서 있는 것만 같은 착각이 들었습니다.

새벽 안개 가득한 역사를 배경으로 나는 주인공이었습니다.

길을 지나쳐 왔다는 아쉬움은 어느새 사라져버렸습니다.

대신 이런 풍경과의 만남이 문득 반가움으로 다가왔습니다.

언제 내가 다시 새벽 역사와 만나랴싶은 생각에 나는 역사의 풍경 하나하나를 내 마음의 필름에 담았습니다.

아직 그 역사의 풍경이 남긴 필름이 내 마음에 있습니다.

그리고 그날 이방인의 어떤 정서까지도 내게 남아 있습니다.

졸아서 만나게 된 구절리 역.

이제 지중한 인연으로 내 가슴에 남아 있습니다.

어디서고 잘못 왔다고 생각지는 마십시오.

우리는 언제나 모든 것을 안을 만큼 넓은 가슴을 지니고 있으니까요.

아름다운 인연

살아가면서 많은 시간들을 만납니다. 다 인연입니다.

인연이 없었다면 만날 수 없었을 겁니다.

인연이 있어 만나는 사람들.

그래서 만남이 소중하고 내 앞의 당신 역시 소중합니다.

그대와 내가 만나기까지 얼마나 많은 시간의 흐름과 또 알 수 없는 스침이 있었겠습니까.

곁을 지나쳐도 몰랐던 그때는 우리 인연이 아니었고, 이렇게 스치다 머물러 서로 마주하는 지금은 인연인 것입니다.

인연이 아니어서 서로 마주치지 못했던 그대.

그러고 보면 그 무수한 지나침도 인연을 위한 시간이었던 것입니다.

수없이 많은 시간과 수없이 많은 스침을 거느리고 인연은 지금 내게 찾아온 것입니다.

인연이 오기까지의 수많은 시간과 만남이 새삼 소중하게 다가옵니다.

그렇게 해서 만난 사람이기에 나는 늘 그대에게 좋은 인연의 사람이고만 싶습니다.

박수 치고 격려하고 함께 나누는 인연의 사람.

그것이 최소한 인연에 대한 도리라고 생각합니다.

인연의 소중함. 그리고 인연에 대한 도리.

그것이 있을 때 삶이 아름다울 거라는 생각을 합니다

함께 산다는 것

사람은 없어봐야 그 빈자리를 안다.

그 사람의 빈자리가 드러나면서 다가오는 서글픔과 불편함.

그것은 때로 그리움으로까지 이어지지 않던가.

가끔 곁에 있는 도반이 불편할 때가 있습니다.

좀 만나지 말아볼까, 저이는 왜 사사건건 간섭을 하는 걸까, 하는 생각을 할 때가 있습니다.

이런 마음은 아마 함께 사는 사람에게 누구나 느끼는 마음인지도 모르겠습니다.

부부 사이에서는 어쩌면 이런 마음이 더할 것 같다는 생각이 듭니다.

가끔씩 이런 이야기를 듣습니다.

"좀 늦게 들어왔으면 좋겠는데, 꼭 6시 땡 하면 들어온다니까. 젊어서는 제발 일찍 들어오라고 해도 꼭 12시 넘어야 들어오던 양반이 나이가 드니까, 글쎄…… 나도 이젠 좀 편히 살아야하는데 말이야."

같이 산다는 것은 언제나 이런 문제를 안습니다.

같이 산다는 것이 똑같은 공간에서의 동거를 의미하지는 않습니다.
같이 산다는 것은 상대의 뜻도 함께 존중하는 것을 의미합니다.
상대의 뜻을 내쫓지 않고 맞아들이는 것.
그것이 함께 산다는 의미일 것입니다.
그러나 잘 맞지 않는다고 상대가 달아날 만큼은 하지 마십시오.
혼자 남아 외로움을 삼키기보다는 함께 남아 짜증을 부리는 것이 조금 더 따뜻한 일이기 때문입니다.

인연의 시간

세상에서 가장 중요한 때는 지금이고, 가장 중요한 사람은 지금 함께 있는 사람이고, 가장 중요한 일은 지금 내 곁에 있는 사람을 위해 좋은 일을 하는 것이다.

인연은 수천의 생을 반복해 맺어지는 한 송이 꽃과 같습니다.
지금 내 곁에 있는 사람이 소중한 이유입니다.
그러나 우리는 그 소중함을 잘 알지 못합니다.
그래서 마치 타인처럼 미워하고 싸웁니다.
너무도 소중한 사람끼리의 싸움과 다툼에 마음이 아픕니다.
조금만 인연의 소중함을 볼 수 있다면 저러지 않을 텐데, 하는 생각이 듭니다.

사실 우리는 사랑하기에도 모자라는 시간을 부여받은 사람들입니다.

그 인연의 지중함에 견주어 우리가 함께 하는 시간들은 너무나 짧습니다.

언제 다시 무엇이 되어 만날 기약이 없는 우리들입니다.

화가 나고, 상대에게 실망할 때 우리 인연의 시간을 한 번 들추어 봅시다.

혹여 아무것도 안 보인다고 말하지 마십시오.

그것은 눈으로 볼 수 있는 시간들이 아닙니다.

눈을 감고 마음으로 인연의 시간들을 보십시오.

원인 없이 결과가 없듯이, 지금의 만남에는 반드시 원인이 있을 것입니다.

그리고 마음으로 보기 시작하면 반드시 그 오랜 인연의 시간이 보이기 시작할 겁니다.

인연의 시간들을 보고 느낀 사람들은 지금의 시간과 만남이 얼마나 소중한지를 알게 됩니다.

아름다운 삶은, 인연의 소중함을 알 때 시작됩니다.

전하지 못한 선물

감사하다고 마음으로만 생각하고 표현하지 않는다면 선물을 포장만 하고 주지 않은 것과 같습니다.

휴대전화를 잃어버렸습니다.

택시를 탔다가 그만 놓고 내린 것입니다.

택시에서 내린 순간, 주머니에 휴대전화가 없다는 것을 알아차렸지만 설마 택시에 두고 내렸을까 하는 생각에 가는 택시를 잡으려다 그냥 보냈습니다.

오히려 조금 전 회의하던 곳에 두고 왔다고 믿었기 때문이었습니다.

그러나 회의 장소에 연락해보니 그곳에 휴대전화는 없었습니다.

나는 1시간 간격으로 전화를 했습니다.

처음 두 번은 신호만 갈 뿐, 받질 않았습니다.

세 번째는 아무런 기대도 없이 전화를 했습니다.

삼세 번이라는 말 때문에 말입니다.

세 번째 전화를 걸자 드디어 누군가 전화를 받았습니다.

와, 반가웠습니다. 그는 휴대전화를 습득했다고 말했습니다.

휴가 나온 군인이라 시간이 없으니 찾으러 왔으면 좋겠다고 했습니다.

사람을 시켜 휴대전화를 받아왔습니다.

휴대전화를 돌려준 그 군인이 고마웠습니다.

그리고 대한민국의 모든 군인들이 정직하고 믿음직스럽게 다가왔습니다.

나는 그에게 고맙다는 말을 못했습니다.

그리고 나는 그의 얼굴을 모릅니다.

고마움을 표현하고 싶지만 때를 놓쳐버려서 그냥 마음에만 담고 있습니다.

전해야 할 선물을 지니고만 있는 것 같습니다.

이 마음에 남아 있는 선물.

언젠가 그 누군가에게 선행으로 건네고 싶습니다.

그러면 아주 기쁠 것 같습니다.

희망을 잃지 마십시오

사노라면 흐린 날도 궂은 날도 있겠지.

그러나 언젠가는 꽃이 필 거야.

참 좋은 노래 가사입니다.

노래 한 곡에 인생이 다 담겨 있는 듯합니다.

흐린 날 궂은 날 싫다고 뿌리치지는 마십시오.

흐린 날 궂은 날이 오면, 그래 그냥 이런 날이 왔네. 이게 인생이지 뭐. 내가 바라는 대로 인생이 찾아오는 것은 아니잖아. 하고 받아들이십시오.

그리고 이 시간이 지나면 더 좋은 날이 올 테고 내가 지어온 업도 많이 씻기어 갈 것이라고 생각하십시오.

세상 모든 것은 원인과 결과로 이루어집니다.

지금 이 순간 그리고 지금 이 순간의 행위는 내 삶이 결과이자 또한 원인이기도 합니다.

그러니 싫다고 뿌리칠 명분이 없습니다.

몸이 괴롭고 피곤하면 살 수 있지만 마음이 괴롭고 피곤하면 힘들어집니다. 몸으로 흐린 날 궂은 날을 만나십시오.

그리고 마음으로는 맑은 날만을 그리십시오.

그러면 희망이 보일 겁니다.

희망은 큰 힘을 지니고 있습니다.

희망을 따라가면 우리 능히 괴로움을 벗어날 수가 있습니다.

힘들다 말하지 않고 희망을 짓는 일, 그것이 인생을 사는 법이라는 생각이 듭니다.

웃음 띤 얼굴

안개가 자욱한 아침입니다.

도심에 내린 안개 숲.

그 안개의 숲을 헤치고 정글 같은 도심 속으로 사람들이 들어갑니다.

어떤 이는 웃으며 어떤 이는 피곤한 모습으로, 안개 숲에 자리한 정글을 들어서는 사람들의 표정은 다양합니다.

웃으며 들어서는 사람의 모습은 즐거움을 남기고, 피곤한 사람의 뒷모습은 쓸쓸함을 남깁니다.

어떤 길 위에서도 웃음을 잃지 않고 살 수 있다면 좋겠습니다.

어떤 순간에도 웃을 수 있다면 좋겠습니다.

살다 보면 수없이 만나게 되는 고통.

쓸쓸함 앞에서도 별처럼 밝은 미소로 남을 수 있다면 그것은 얼마나 즐거운 일일까요.

삶은 어쩌면 수많은 위험이 도사린 정글과 같을지도 모릅니다.

우리 그 길을 웃으며 함께 가는 동행인이 될 수 있다면 좋겠습니다.

웃음의 동행자. 그런 동행자가 있다면 정글 같은 인생길도 평온할 것만 같습니다.

이루어진 꿈

노비구니 스님이 산에서 내려 오시면 나는 그 곁에서 절 이야기를 들었습니다.

나무 때고 밥해 먹고 사는 삶이 우리네와 똑같아 신기했습니다.

가끔 노비구니 스님을 따라 절에 갔습니다.

절은 너무나 신선했습니다.

길게 산골짜기에 이어진 나무의 골을 따라 내려오던 맑은 물.

그리고 길게 이어진 요사채와 그 끝에 있던 법당.

긴 툇마루에 앉아 노비구니 스님이 불을 때고 밥 하는 모습을 보는 것도 재미 있었습니다. 그때 나도 크면 이런 집에서 저렇게 불을 때며 밥해 먹고 살아야지 했습니다.

오늘 나는 한때 꿈꾼 삶의 자리에 있습니다.

그 사이 또 다른 꿈들도 몇 개 있었지만 그것들을 다 놓치고 어릴적 아주 잠깐 꾸었던 꿈 하나를 잡고 있습니다.

소박하고 아무 욕심 없이 꾼 꿈은 이루어진다는 것을 이제 알게 된 것입니다.

내가 이룬 꿈은 내게 아무 욕심 없이 살라고 말합니다.

이제 꿈을 이루었으니 말입니다.

꿈의 언어를 이제야 듣습니다.

아무 욕심 없이 사는 일.

그것이 꿈을 이룬 내가 해야 할 일이라고 생각합니다.

인생

인생

단 한 번의 기회

지금 이 인생은 한 번뿐이다.
그러니 할 수만 있다면 친절을 베풀라.
할 수만 있다면 선한 일을 하자.

기회가 한 번밖에 없다고 할 때 사람들은 최선을 다하게 됩니다.

어쩌면 인생은 우리에게 단 한 번 주어진 기회인지도 모르겠습니다.

그러나 우리는 이 인생이 우리에게 주어진 단 한 번의 기회라는 것을 알지 못합니다.

그래서 인생을 낭비합니다.

화내고 욕심내는데 인생의 많은 부분을 낭비하고 있습니다.

사실 인생은 그렇게 써버릴 수 없는 소중한 것입니다.

지금 우리들의 인생은 만나기 어려운 것이기 때문입니다.

우리가 살아가면서 최선을 다해 선을 실천하지 않는다면 행복과 만날 기회는 다시 오기가 어렵습니다.

지금 이 시간은 영원한 행복을 만나기 위해 주어진 단 한 번의 기회입니다.

이 기회를 잡는 방법은 나누고 베풀고 모든 생명을 사랑하는 것입니다.

그리고 그 마음으로 언제나 고요히 하고 우리 모두가 하나의 생명이라는 진리를 깨달아야 합니다.

밖으로 한없이 단순해지고 안으로 한없이 깊어질 때 우리들은 자비의 실천자가 되어 내 이웃들을 만날 수가 있습니다.

인생은 단 한 번의 기회로 우리 앞에 와 있습니다.

이 기회는 오직 자비의 실천으로만 잡을 수 있다는 것을 가슴에 새기고 살았으면 좋겠습니다.

최선을 다하는 삶

어리석은 개미는 자신의 몸이 작아 사슴처럼 빨리 달릴 수 없음을 한탄하고, 똑똑한 개미는 자신의 몸이 작아 사슴의 몸에 붙어 달릴 수 있음을 자랑으로 생각한다.

한 사람이 찾아왔습니다.

한때는 사장이었으나 지금 망해 일자리를 찾아 전전하고 있다고 했습니다.

아내는 병들었고 아이는 보육원에 맡겼다고 했습니다.

본인도 당뇨로 인한 합병증에 시달리고 있다고 했습니다.

이런 상황을 벗어나고 싶지만 길이 보이지 않는다고 했습니다.

길은 없을지도 모릅니다.

절망 속에서 길을 찾는 것은 캄캄한 어둠 속에서 빛을 찾는 것과 같기 때문입니다.

어둠은 쫓아서 물러나는 것은 아닙니다.

어둠은 불을 밝혔을 때 저절로 사라지는 것입니다.

절망적인 상황 또한 마찬가지입니다.

그것은 어둠과 같아서 길을 찾기가 쉽지가 않습니다.

그 절망적인 상황에서 빛을 찾기 위해서는 마음의 등불을 밝혀야만 합니다.

희망과 용기라는 마음의 등불을 들고 그 어둠과도 같은 절망적인 상황을 견디어 내는 것입니다.

희망과 용기를 지니고 있을 때 그 절망적인 상황에도 비로소 길이 열립니다.

불행은 언제나 불현듯 찾아와 조금씩 아주 조금씩만 희망의 길을 내보일 뿐입니다.

포기는 누구나 할 수 있지만 절망적인 상황 속에서도 최선을 다하는 것은 아무나 할 수 있는 것은 아닙니다.

언제나 최선을 다하는 삶이 아름다운 이유입니다.

살아 있다는 것

땅바닥에 쓰러져 있는 자는 더 이상 떨어질 곳이 없다.
그에겐 일어설 용기만 남았다.

무덥습니다. 아침인데도 더위가 몸에 와 감깁니다.

하지만 싫지 않습니다.

그것은 세상 모든 것을 받아들일 마음의 준비가 되어 있기 때문입니다.

삶의 부수적인 모든 문제들에 대해서 이제 관용을 지니게 된 것 같습니다.

그냥 살아 있다는 사실 하나만으로도 삶이 고맙게만 다가옵니다.

살아 있다는 이 사실보다 내게 더 중요한 것은 없으니까요.

만일 살아 있지 않다면 절망과 슬픔과 이별까지도 나는 만날 수 없었을 것입니다.

내게 절망이 다가왔을 때 나는 절망이라 말하지 않고 내가 살아 있구나, 하고 혼자 읊조립니다.

슬픔과 이별이 다가왔을 때도 내가 살아 있다는 것을 먼저 느끼고자 합니다.

생명을 사랑하는 그 자리.

그 자리에는 절망도 슬픔도 모두 흩날리는 한 잎 꽃잎에 지나지 않습니다.

기쁨을 주는 일

월드컵 골 모음 비디오를 보고 나는 알았다.
같은 골은 하나도 없다.

열광과 환호. 사람들이 기뻐하는 모습을 봅니다.

하룻밤을 꼬박 새고도 그 환호와 열광의 감흥은 잘 식지를 않습니다.

월드컵은 그래서 좋은 것 같습니다.

모두에게 기쁨을 주는 것은 좋습니다.

살아가면서 내가 바라는 것은, 모든 사람들의 기쁨을 위해 작은 동기가 되었으면 하는 것입니다.

내가 누군가에게 기쁨의 순간을 제공할 수 있다면 좋겠습니다.

언젠가 템플스테이를 하면서 느꼈습니다.

템플스테이를 하기 위해 산문에 들어서는 사람들의 표정이 너무 밝고 기쁨에 차 있는 것만 같아서 템플스테이를 하는 보람을 느낄 수가 있었습니다.

그때 나는 알았습니다.

템플스테이가 사람들에게 기쁨을 주는 것이라는 것을.

사람들에게 기쁨을 주는 일, 별로 해본 적이 없지만 그래도 앞으로는 그렇게 살아가고 싶습니다.

사람들을 기쁘게 하는 일, 무엇이 있을까요.

잘 생각이 나질 않습니다.

아마 지금까지 그렇게 살아오지 않아서 그런 것 같습니다.

앞으로는 잘 생각이 나겠지요.

그렇게 살 거니까 말이죠.

자신과의 약속

오늘 나는 행복한 사람이 될 것을 선택하겠다.

나는 만나는 사람마다 웃으며 맞이하겠다.

아침에 다짐을 합니다. 나 자신을 향한 약속입니다.

하루에 하나씩 이렇게 자기 자신에게 약속하는 삶을 산다면 좋을 것 같습니다.

그것은 늘 새롭게 깨어 있는 삶의 시작이니까요.

대개의 사람들은 그런 것 같습니다.

남들과는 많은 약속을 하지만 자신과는 그리 약속을 하는 편이 아닙니다.

그리고 약속을 했다 해도 그 약속을 잘 지키지 않는 편입니다.

자기 자신에게 너무 관대한 것이지요.

남들과의 약속을 지키는 것 만큼 자기 자신과의 약속도 지켜 나간다면 삶이 새롭게 다가올 거라는 생각을 합니다.

왜냐하면 모든 삶의 중심은 나로부터 시작되기 때문입니다.

자기 자신과의 약속을 잘 지키지 못하는 사람은 결코 신의의 사람이 될 수 없습니다.

어려우면, 불리하면 남과의 약속도 헌신짝처럼 버릴 수 있기 때문입니다.

아침에 하나씩 자기 자신을 향해 다짐하십시오.

그리고 그 다짐을 꼭 지켜가겠다고 자신과 약속을 하십시오.

그 약속의 힘이 그대를 늘 깨어 있게 할 겁니다.

성냄도 욕심도 벗어놓고

악은 영혼을 무겁게 합니다.

당신이 독수리처럼 날고 싶다면 악을 행해서는 안 됩니다.

가벼움, 햇살, 맑게 흐르는 물, 반짝이는 별, 꽃, 그대의 미소, 무거움, 오염된 공기, 공사판의 소음소리, 경적소리, 싸움의 몸짓들, 성난 표정들, 그리고 나.

가만히 가벼움과 무거움의 목록을 적어봅니다.

아, 나는 무거움의 목록 속에 자리잡고 있네요.

가벼운 것들은 모두 아름답고 빛을 지니고 있는데, 무거운 것들은 모두 흐리고 소음으로 가득 차 있습니다.

그 속에 내가 있습니다.

번뇌와 성냄으로 가득 차 있어서일까요.

한없이 자유롭고싶은데 자유롭지가 못합니다.

한없이 아름답고싶은데 아름답지가 못합니다.

꽃씨처럼 남아서 그대 가슴에 아름다운 꽃을 피우고싶은데 그러지 못합니다.

몸으로 입으로 그리고 마음으로 너무 많은 무게들을 얹으며 살고 있습니다.

몸과 입과 마음이 자비의 길을 가기보다는 성냄과 집착의 길을 자꾸만 따라가고 있습니다.

성냄도 욕심도 벗어놓고 물같이 바람같이 살다가 가고만 싶은데 잘되지가 않습니다.

사람은 나이가 들수록 가벼워져야만 합니다.

몸의 무게뿐만 아니라 욕심과 집착의 무게 역시 가벼워져야만 합니다.

햇살 한 줌 내게 다가와 말합니다.

빛은 결코 우연히 오는 것이 아니라고.

아름다운 삶의 순간

참으로 아름답다. 내가 하고 싶은 것을 위해서 공부하고 일하고 노력하는 이 순간이야말로…….

가만히 눈을 감고 바라보면 내가 살아 있는 이 순간이 황홀입니다.

살아서 말하고 느끼고 표현할 수 있다는 이것이 너무 큰 기쁨입니다.

이것이 어떻게 가능한지 돌아보면 내 작은 생명 하나가 지니는 신비함에 그만 놀라고 맙니다.

그래서 지금 이 자리가 소중하고 지금 이 자리에서 그대와 마주하고 있는 내가 너무 감사합니다.

어느 날 식당에서 노부부가 함께 저녁식사를 하고 있는 모습을 보았습니다.

노을이 지는 하늘을 배경으로 공양을 하는 노부부의 모습은 참으로 아름다웠습니다.

아내는 남편을 남편은 아내를 그렇게 노을처럼 바라보며 식사를 하고 있었습니다.

그들을 보며 생각했습니다.

어느 날 갑자기 두 사람 중 한 사람이 먼저 세상을 떠나게 된다면, 홀로 남게 될 사람의 밥상은 어떤 모습일까, 하고 그려보았습니다.

외로울 것 같았습니다.

노을도 그리 따뜻하게 다가오지 않을 것만 같았습니다.

밥을 앞에 놓고 멍하니 노을을 바라보는 노인의 모습은 차라리 슬픔으로 투영되어 왔습니다.

문득 지금, 살아 있음이 얼마나 따뜻하고 얼마나 아름다운 것인지를 알 수가 있었습니다.

이 아름다운 삶의 순간들.

우리 진정 아름답게 살아가고 있는 것인가요.

아름다워 황홀한 이 순간들을 오직 아름다움으로만 채우고싶습니다.

어둠이 깊을수록 밝아지는 별

연못의 물이 맑으면 연꽃은 3~4cm의 꽃을 피우나, 물이 질퍽하고 더러우면 최고 20cm의 큰 꽃송이를 피운다.

산사를 찾아가는 길에 별을 봅니다.

별은 어둠이 깊을수록 더욱 빛을 냅니다.

별이 빛날 때마다 별의 용기와 사랑에 대해서 생각합니다.

어둠이 깊을수록 밝아지는 별.

그리고 내 삶도 별과 같기를 희망합니다.

삶의 어려움이 다가올 때마다 쉽게 포기하려 했던 순간들의 내가 떠오릅니다.

누군가와의 관계가 틀어질 때마다 단절을 생각하던 순간들의 내가 떠

오릅니다.

부끄럽습니다. 밤이 깊을수록 밝아지는 별빛 아래서 나는 마냥 부끄럽습니다.

왜 어려움 속에서 더 큰 용기를 내지 못했는지.

왜 관계가 흐트러질 때마다 더 큰 사랑을 내지 못했는지 부끄럽기만 합니다.

삶의 빛나는 가치 역시 어려움과 고통 속에서도 삶을 놓지 않는데 있습니다.

스스로 용기를 접고 스스로 사랑을 포기하는 것은 삶의 빛나는 가치를 잃는 행위입니다.

역경을 만났을 때 고난에 무너져 내릴 것만 같을 때 다시 한 번 별을 바라볼 일입니다.

그러면 사랑과 용기의 의미를 새삼 깨닫게 될 겁니다.

살아가는 것은 삶의 아름다움을 지키고 생명의 소중함을 깨달아 가는 과정입니다.

별빛 하나 하늘을 흘러 내 가슴에 내립니다.

그 빛이 내 가슴에서 영원하기를 기도합니다.

살 만한 세상을 만드는 일

차가울수록 하늘의 별은 빛납니다.

고뇌할수록 눈빛은 더욱 빛납니다.

어둠 속에서 찾아야 할 길이 있기 때문입니다.

따뜻할수록 더욱 나눠야 합니다. 누군가 잘할수록 박수쳐야 합니다.

세상은 나만을 위해 있는 것이 아니고, 우리 모두를 위해 있는 것이기 때문입니다.

차가운 거리를 나서며 나는 따뜻한 세상을 그렸습니다.

사람들의 마음은 다 똑같습니다.

차가우면 따뜻한 것을 찾고 힘들면 위안을 찾습니다.

그때 따뜻함과 위안을 만날 수 있다면 세상은 살 만한 것이 되지만, 그렇지 못할 때 세상은 외롭고 사나운 것이 되고야 맙니다.

살 만한 세상을 만드는 힘.

그 일은 아름다운 일이고, 그 아름다운 일을 할 사람은 바로 당신입니다.

당신이 존재하는 이유는 아름다운 세상을 위해서 입니다.

아름다운 세상을 만드는 일이 바로 당신의 일이고, 그것이 인생의 의미입니다.

당신은 지금 아름다움을 빚고 계십니까.

아름다운 세상 그리고 아름다운 인생을 위해 거룩한 걸음을 옮기십시오.

흐르는 강물처럼

작은 생각과 작은 상상력을 가진 작은 사람들은 작은 보폭으로 인생길을

터벅터벅 걸어간다.

강은 언제나 흐름을 생각케 해줍니다.

강가에 서면 내게 있는 모든 것이 흐르는 것이라는 것을 비로소 알게 됩니다.

유년기부터 지금까지 내가 흘러왔듯이 세상을 향한 우리들의 감정과 느낌 역시 제자리에 있지 않습니다.

그것들 역시 흘러갑니다.

모두 다 맑은 추억으로 남아 있다가 어느 순간엔가는 봐도 보이지 않는 지점으로 사라져갈 것입니다.

미워하고 사랑하는 그 모든 감정들은 흐르지 않을 때의 느낌들입니다.

그것들이 흐르기 시작할 때 그것들은 모두 강했던 제 색을 잃고야 맙니다.

파스텔 톤으로 흐르다 점점 흐려져 끝내는 그냥 맑은 물색이 되고야 맙니다.

그 어느 날엔가는 '내가 그랬었나' 하고 말하는 순간이 오게 될는지도 모릅니다.

상처 역시 잠깐 우리에게 아픔을 인식시킬 수 있을 뿐입니다.

그 상처 역시 흘러갑니다.

그것 또한 어느 순간엔가는 보이지 않는 자리에서 잊혀져갈 것입니다.

인생의 모든 것은 흘러갑니다.

어느 한 지점에 머물러 '이것이 인생이다' 라고 말하지 마십시오.

그냥 평온하게 미소 지으십시오.

물빛처럼 맑게 걸러지는 우리들의 인생에서 남는 것은 평온한 미소밖에는 없을 테니까요.

오늘 미웠던 사람과도 기꺼이 손잡는 하루가 되시길 발원합니다.

인생의 끈

당신이 평생을 바친 것이 무너질 때 낡은 연장을 집어 들고 다시 세우려는 의지가 있다면 당신은 비로소 어른이 되었다고 할 수 있습니다.

어느 날 자신이 모든 것을 바친 것들이 무너지는 것을 직면하게 된다면 대개의 사람들은 주저앉기 마련입니다.

커다란 절망의 무게 앞에서 견디기란 쉬운 일이 아니기 때문입니다.

그러나 절망해 주저 앉는 사람은 가장 중요한 사실 하나를 잊고 있습니다.

바로 살아 있다는 것입니다.

그동안의 모든 성과는 살아 있음으로 가능했던 것입니다.

그리고 절망의 그 순간에도 그 모든 것을 가능케 했던 살아 있음은 여전히 존재하고 있습니다.

희망을 잃을 이유가 없습니다.

사람들의 관계 역시 마찬가집니다.

사람들은 대개 하나의 이유 때문에 헤어집니다.

그러나 대개의 사람들은 아주 많은 인연의 끈으로 이어져 있습니다.

헤어져야 하는 하나의 이유는 그 많은 끈들 중에서 하나에 불과할 뿐입니다.

그 하나가 전부가 될 수 없는 데도 사람들은 그 하나를 전부라고 생각합니다.

그래서 헤어지고 절망합니다. 전도몽상입니다.

우리들 인생은 우리들에게 수많은 끈을 건네주고 있습니다.

좌절의 끈 하나가 끊어지면 곧 희망의 끈을 건네고, 헤어짐의 끈 하나가 끊어지면 곧 만나야 할 인연의 끈 하나를 건네줍니다.

인생은 이래서 살 만한 것입니다.

눈을 크게 뜨고 넓게 보십시오.

인생의 언덕에는 언제나 희망과 만남의 끈들이 푸르게 자라고 있다는 것을 보게 될 것입니다.

원칙이 있는 삶

가족이 기르던 앵무새를 마을의 수다쟁이에게 팔아도 걱정스럽지 않을 삶을 살아라.

어느 스님이 있었습니다.

스님은 출가를 하고 나서 군에 다녀왔습니다.

군대 가기 전 절집의 생활은 바쁜 나날의 연속이었습니다.

큰스님 시중들랴, 강원공부하랴, 하루가 어떻게 가는지도 몰랐습니다.

숨 한 번 쉬고, 다리 한 번 뻗으면 비로소 자는 시간이었습니다.

그러나 군대를 막 갔다온 어느 날, 절 툇마루에 앉아 하늘을 보는데 문득 하루가 너무 길게 느껴졌습니다.

전에는 하루가 너무 짧아 어쩔 줄을 몰랐는데 지금은 하루가 너무 길어 그 막막함을 견딜 수가 없었습니다.

스님은 갑자기 겁이 났습니다.

이러다 중 노릇 못하는 것 아닐까 하고 말입니다.

시간은 외로워질 때 아주 길어진다고 합니다.

스님은 막 군을 마치고 왔을 때 무척이나 외로웠던 것입니다.

스님은 그때 결심했다고 합니다.

외로워하지 않기, 그리고 빈둥거리며 노는 시간 없애기, 스님은 그때부터 3천 권의 책을 읽으리라 작정하고 지금도 책을 읽고 있습니다.

혹시 외로움에 마음 빼앗길까 책 속에 마음을 묻고 있습니다.

그 사는 모습이 참 단아합니다.

그리고 조용합니다.

자신의 삶의 원칙을 굳건하게 지켜가는 자리에 시간 역시 잔잔한 호수가 되어 다가섭니다.

내 삶의 원칙은 무엇인가 물어봅니다.

내 삶의 중심에 무엇이 있는지 돌아봅니다.

아무것도 발견할 수 없다면 지금부터라도 원칙을 정해야 합니다.

원칙을 지닌 삶이 아름답기 때문입니다.

바다가 주는 의미

누군가를 증오하는 대가는 자신을 더 적게 사랑하게 되는 것이다.

겨울 바다에 섰습니다.

바다를 울리고 지나온 바람이 내게 다가와 내 마음도 일렁입니다.

일고 지고 다시 소리치는 바다처럼 내 마음도 일고 지고 다시 소리칩니다.

오랜 시간 마음의 심층까지도 갈아엎는 바람의 손길은 멈추지 않습니다.

머리가 띵할 정도로 시린 바람의 손길이 내 마음의 적체를 모두 싣고 떠나는 것만 같습니다.

마음이 후련합니다.

끊임없이 자신을 갈아 속을 하얗게 비워내는 바다처럼 바람은 내 속을 말끔하게 갈아엎어 놓고 있습니다.

작던 내가 바다가 되는 것만 같습니다.

비로소 바다에 온 이유를 알 것만 같습니다.

산에 있으면 깊어지고, 바다에 서면 넓어만 지는 것 같습니다.

깊이가 넓이를 만날 때 비로소 완전함이라는 의미를 완성하게 되는 것 같습니다.

우리 삶의 어느 한쪽만을 지니고 살아가는 것은 아닌지 모르겠습니다.

깊이는 있으나 넓이는 없는 삶, 혹은 현실은 있으나 이상은 없는 삶, 감각은 있으나 의미가 없는 삶을 살아가고 있는지도 모르겠습니다.

그러나 삶은 그 어느 하나가 전부가 될 수는 없습니다.

가끔 바다에 갈 일입니다.

그곳에서 넓음을 배워야 합니다.

그리고 가끔은 타인의 가슴을 만나야 합니다.

그곳에서 나를 벗어난 나를 만나야 하기 때문입니다.

내 것이 아닌 세상의 것

진정한 성공이란, 세상이 자신에게 준 것보다 더 많이 세상에 되돌려주는 것입니다.

세상을 살다 보면 무언가를 잃는 날이 있습니다.

그럴 때 내가 무언가를 잃었다 생각하지는 마십시오.

대신 세상에 돌려주었다고 생각하십시오.

내가 지닌 모든 것은 '내 것'이라기보다는 오히려 '세상의 것'이라는 것이 맞을 겁니다.

나 혼자서 내 것으로 만든 것이 무엇이 있겠습니다.

나 혼자서는 존립 자체도 불가능합니다.

하물며 나 이외의 내 것은 말해 무엇 하겠습니까.

본디 내 것이 아니었으므로 잃었다는 말은 맞지 않습니다.

그냥 내 것이 아닌 세상의 것들이 다시 세상의 것으로 돌아갔다고 생각하십시오.

절망하고 좌절하고 허무해 할 일이 아닙니다.

잃음의 순간에 이렇게 마음을 챙길 수 있다면 잃음 또한 훌륭한 스승이 됩니다.

살다 보면 의지와 반하고 또 예기치 않게 모든 것을 잃는 날을 만날 수도 있습니다.

설혹 그러한 순간이 온다고 할지라도 마음을 빼앗기지 마십시오.

마음을 잘 챙길 수만 있다면 세상에 모든 것을 돌려준 성공인으로 남을 수 있습니다.

용서하는 마음

누군가를 용서하지 못하는 사람은 훗날 자신이 건너야 할 다리를 부숴 버리는 사람과 같습니다.

다시는 안 만날 것 같던 사람도 언젠가는 다시 만나는 것이 인생입니다.

지금 밉다고 미움으로만 대하면 또다시 만나는 순간에도 그가 미울 것입니다.

이렇게 미움이 한 번의 미움으로 끝나지 않는 것이 우리들 인생입니다.

미워하고 또 미워해야 한다면 우리들 인생은 너무 슬픈 것이기도 합니다.

기왕이면 인생은 즐겁고 행복하게 살다 가야 합니다.

또 그렇게 사는 것이 잘사는 것이기도 합니다.

인생에 대한 많은 교훈적인 이야기들이 있습니다.

그렇게 교훈적인 이야기들은 아무런 감동을 남기지 못합니다.

우리는 그것을 너무 교과서적이라고 합니다.

마음의 고통을 헤아리지 않은 것이라고도 합니다.

그러나 가만히 생각해 보면 그 말씀들은 말이 아니라 길이라는 생각이 듭니다.

적어도 우리들 삶이 행복에 이르고자 하면 그 길을 따라서 가야만 합니다.

그 길만이 무너지지 않는 행복에 이르고 있기 때문입니다.

우리가 헤어나지 못하는 미움과 고통은 미망입니다.

이러한 미망을 벗어날 때 우리는 결코 무너지지 않는 행복의 길을 걸어가게 될 것입니다.

인생의 정의

두려움은 적게 희망은 더 많이, 한숨은 적게 심호흡은 더 많이, 잡담은 적게 대화는 더 많이, 미움은 적게 사랑은 더 많이.

지금부터 훨씬 좋은 일이 일어날 겁니다.

아침에 일어나면 햇살 한 줌, 그리고 나무들의 향기를 마음에 담습니다.

잠들기 전에 마음에 웅크리고 있던 우울한 일들을 청소합니다.

밤이면 비우고 아침이면 나는 다시 마음을 채웁니다.

그리고 하루를 지내면서 사람들에게 내 마음에 담긴 것들을 하나씩 나누어주기 위해 기도합니다.

그것이 내게는 행복입니다.

햇살과 나무들의 이야기를 들려주고 그들의 얼굴에 번지는 행복을 만나는 것이 내 삶의 기쁨이 됩니다.

가급적 이렇게 살려고 합니다.

안 좋은 일들은 잊고, 좋은 것들만 생각하며 살려고 합니다.

안 좋은 일들이 다가올 때는 마음을 닫고, 좋은 일들이 다가올 때만 마음을 열려고 합니다.

인생 길지도 않은데 우울하고 슬픈 일까지 다 기억하고 마음에 담고 살기에는 너무 큰 손해를 보는 것 같아서 입니다.

인생을 언제나 손해보지 않고 살고싶습니다.

그래서 밤이면 미움을 비우고, 아침이면 햇살과 나무들의 이야기를 가슴에 담습니다.

날마다 행복을 저축하며 사는 일.

그것이 인생이라고 정의합니다.

자연의 이치를 따르며 사는 것

당신이 오래 묵을수록 맛있는 치즈가 아니라면 나이는 잊자.

저녁 무렵 지는 해를 봅니다.

바다를 배경으로 지는 해는 아름답습니다.

붉게 해면을 물들이며 지는 해는 사람들로 하여금 내일의 해를 기다리게 합니다.

그 존재의 아름다움이 기다림이라는 약속 하나를 남깁니다.

지는 해를 보며, 해는 서산에 지고 달은 동쪽에서 떠오른다는 구절 하나를 떠올립니다.

자연의 이치를 말한 이 한 구절이 가슴에 깊이 와 닿습니다.

자연의 이치를 따르며 산다는 것, 그것은 우리의 본래 모습을 따라 사는 것을 의미합니다.

이 세상 모든 것이 존재함으로 내가 존재할 수 있다는 생명의 법칙을 따르는 것은 자연의 이치를 따르며 사는 것과 다르지 않습니다.

꽃이 해에게 감사하듯이, 노을이 자신의 발걸음을 그대로 받아준 바다에 감사하듯이, 그렇게 사는 것이 우리들의 삶의 자세입니다.

삶의 순간순간 그리고 이 세상의 모든 사람들에게 감사하며 사는 것이 맑고 아름다운 본래 삶의 모습을 찾아가는 발걸음입니다.

감사하며 세상을 걸어갈 때 우리들 노후의 모습도 노을처럼 아름다울 것입니다.

감사의 마음 하나 그리고 감사의 말 한마디가 우리들의 삶을 노을처럼 따뜻하게 물들입니다.

놀이를 잃어버린 나이

모든 아이는 본래 화가다.

문제는 어떻게 하면 나이를 먹어서도 화가로 남아 있는가 하는 것이다.

어려서 참 그림을 자주 그렸습니다.

모래 위에 그리기도 하고, 도화지에 그리기도 했습니다.

그런데 그 그림은 어떤 형상을 지니고 있는 것은 아니었습니다.

그냥 생각나는 대로 그렸고, 그것은 거의 형상을 벗어나 있었습니다.

그런 그림을 보고 사람들은 간혹 묻고는 했습니다. 무엇을 그린 거냐고.

나는 그때 대답을 못했습니다. 나도 몰랐으니까요.

지금 같으면 추상화라고 말할 수 있을 텐데 말입니다.

그냥 마음이 가는 대로 그린 그 그림은 사실 그림이라고 말할 수도 없는 것이었습니다.

그래도 그것을 그리는 순간들은 풍요로웠습니다.

아마도 창조적 상상력이 그런 추상화를 그리게 하지 않았나싶기만 합니다.

가만히 생각해보면 어린시절은 모든 것이 즐거웠습니다.

혼자 있어도 모든 것이 놀거리였습니다.

그것은 존재하는 모든 것들과의 교감이 있었기 때문에 가능했습니다.

모든 것과 대화가 되고 모든 것을 느낄 수 있었기에 혼자 있어도 어린 시절의 삶은 혼자가 아니었습니다.

그 시절은 모든 것과 함께 하는 시간이었습니다.

지금은 더 이상 그림을 그리지 않습니다.

지금은 더 이상 놀이도 하지 않습니다.

모든 대상들과 교감하고 대화하는 법을 잃어버렸기 때문입니다.

순수를 잃은 것입니다.

순수했던 그 시절은 순수했던 그 마음을 싣고 가버렸습니다.

문득 삶의 자리가 외롭습니다.

삶의 향기

꽃을 선물하는 손에는 향기가 남는다.

개울에 나가 옷을 빱니다.

옷에서 향내가 납니다.

중이라는 사실이 새삼 가슴에 와 닿습니다.

그리고 그것이 내 삶의 향기이기를 바랍니다.

단순한 옷의 향기가 아니라 삶의 향기가 그토록 향기롭다면 얼마나 좋을까요?

자연에서 늘 변하지 않는 향기를 맡습니다.

풀 향기, 꽃 향기는 언제나 향긋하게 다가와 내 두 눈을 감게 합니다.

변하지 않는 그 향기는 자연의 향기입니다.

자연 앞에 서면 모든 것을 맡기고싶고 모든 근심을 잊을 수 있는 것도 결코 우연이 아닙니다.

자연의 존재가 지닌 향기가 그토록 진실한 것이기 때문입니다.

향을 싼 종이에서는 향내가 나고, 생선을 싼 종이에서는 생선 비린내가 납니다.

우리들 인생에도 향긋한 향 내음이 가득했으면 좋겠습니다.

자신의 몸을 태워 향긋한 향을 남기는 향처럼 우리들 역시 성내고 어리석은 마음을 태워 이해와 자비의 향을 서로에게 건넸으면 좋겠습니다.

인생은 어리석음을 태워버리는 시간입니다.

그 어리석음이 다 타면 아름다운 지혜의 향기가 우리 존재의 향기가 될 것입니다.

생각을 바꾸는 일

중요한 것은 좋은 일이 생길 것이라는 믿음이다.

믿으면 진짜 그렇게 된다.

그러니 미래에 대한 희망을 가져보자.

믿음은 길이 됩니다.

어떤 상황에 있을지라도 내일은 더 좋아질 거라는 믿음을 지니고 있다면 당신은 내일 절망에서 벗어나는 길을 보게 될 겁니다.

그러나 사람들은 믿음보다도 포기와 좌절에 더 익숙해 있습니다.

내일이 더 좋은 날은 결코 오지 않으리라고 미리 장담해버리고 맙니다.

정말 그럴까요? 어쩌면 그럴 수도 있습니다.

불행은 갑자기 다가와 조금씩 조금씩 물러가고 행복은 천천히 찾아와 갑자기 사라져버린다고 생각하기 때문입니다.

희망은 그리고 믿음은 생각을 바꾸는 일입니다.

고난을 고난이라 받아들일 때 희망은 자랄 수가 없고 절망을 절망이라 받아들일 때 극복에 대한 믿음은 자랄 수가 없습니다.

우리가 고난이라고 말하는 것 그리고 절망이라고 말하는 모든 것들은 어쩌면 고난과 절망이 아닐 수도 있습니다.

우리가 그것들을 고난이나 절망이라 명명하지 않고 이겨낼 수 있는 것, 혹은 견뎌낼 수 있는 것이라고 부를 수 있다면 우리는 이미 희망과 믿음을 지닌 사람이 되는 것입니다.

날개가 있는 새에게 늪은 아무런 의미가 없습니다.

우리 믿음과 희망의 날개를 달고 날아보면 어떨까요.

지금 이 순간

저마다 자기의 일생 생활이 있다.

자기의 세계가 있다.

그 일상의 삶을 거듭거듭 떨쳐버리는 출가의 정신이 필요하다.

사람은 누구나 산에 들어가 도를 닦고 싶어하지만 그렇게 하지 못하는 것은 애욕에 얽혀 있기 때문이라고 했습니다.

출가를 하고 나서 간간히 원효스님의 말씀을 생각해봅니다.

산은 수도를 하기에는 정말 좋은 곳입니다.

산 아래서는 욕망의 길을 보았지만 산사에서는 생명의 길을 보기 때문입니다.

이곳에서는 더 갖기 위해 머리가 아파야 할 이유가 없고 이곳에서는 헛된 명예를 좇지 않아도 될 것만 같습니다.

그냥 앉으면 고요해지고 길을 걸으면 꽃과 바람을 만나고, 바라보면 첩첩한 산들이 부처님처럼 앉아 있습니다.

부처인 산을 바라보며 더 이상 헛된 바람들을 이야기할 수는 없습니다.

헛된 바람의 가슴을 산이 막아버리기 때문입니다.

산을 바라보며 나는 내 인생의 최고의 선택이 출가라고 생각했습니다.

그러나 요즘은 내 자신의 모습이 가끔씩 싫어집니다.

그 아름답던 출가 정신이 사라지고 다시 세속에서 보았던 그 길로 눈길이 가기 때문입니다.

나는 중은 길을 걷다가 논두렁을 베고 죽을 수 있어야 한다는 말을 제일 좋아합니다.

거침없는 삶의 모습이 내 마음을 사로잡은 것입니다.

그렇게 살아야겠습니다.

출가는 언제나 매순간 이뤄져야 하는 것만 같습니다.

한 번의 출가가 영원한 출가일 수는 없습니다.

출가의 정신을 잃지 않는 것이 진정한 출가입니다.

욕망을 버리고 큰 사랑의 원력으로 새롭게 깨어나는 출가를 위해 지금 이 순간 우리는 또 출가해야만 합니다.

마음의 고향

자기를 바치지 않고, 번뇌를 버리지 않고, 욕정을 끊어버리지 않고, 참회하지 않고, 계 지키지 않고, 참다움의 진리인 부처의 고향에 돌아갈 수는 없을 겁니다.

고향은 참 깊은 말입니다.

고향이라는 단어를 떠올리면 그 속에는 보석 같은 추억이 들어 있습니다.

설레는 말입니다. 살다 힘들 땐 막연히 고향이 떠오릅니다.

그곳에 가면 이 힘듦이 모두 해소될 것만 같습니다.

그래서 고향은 잊혀지지 않는 곳이기도 합니다.

하지만 고향은 우리가 이 땅에 와 잠시 인연을 맺은 곳입니다.

그 잠깐의 인연에 지나지 않는 곳이지만 우리는 고향을 그리워합니다.

이 땅에 와 잠시 맺은 인연 터.

고향에 대한 그리움이 우리에게는 그토록 절절하기만 합니다.

그러나 우리는 마음의 고향에 대해서는 그리 그리워하지 않는 것만 같습니다.

마음은 보이지 않기 때문입니다.

마음은 보이지 않기에 우리는 마음의 소중함을 잊고 살아가고 있습니다.

보이지 않는 마음이 더 근원적이고 보이지 않는 마음의 고향이 우리들의 영원한 고향이라는 사실을 알지 못합니다.

형상의 고향은 언제라도 사라지지만 형상을 떠난 고향은 결코 사라지지 않습니다.

보이지 않는 마음의 고향을 찾아 떠난 이들을 우리는 수행자라고 합니다.

그들이 만난 고향의 소식은 아름답습니다.

마음의 고향을 찾아가는 길, 그것이 우리가 살아가는 동안 해야 할 일

입니다.

감사의 마음

작은 모래알이 어떤 것인지 아는가.

작은 알갱이에 불과하지만 그것들을 배에 가득 쌓으면 결국 배를 가라앉힌다.

하늘이 명징합니다.

코 끝을 스치는 바람이 상큼합니다.

이런 아침이라면 그냥 한없이 걸어도 좋을 것 같습니다.

길을 걸으면서 내 두 다리가 튼튼하다는 사실이 새삼 고맙습니다.

몸에 대해 최초로 감사한 마음을 가졌습니다.

그동안은 몸에 대해서 눈길 한 번 주지 않았습니다.

몸에 대해서 오만했던 것입니다.

몸은 그래도 한 번도 나를 힘들게 하지 않았습니다.

관심을 갖지 않아도 몸은 아주 잘 움직여 주었습니다.

그런 몸에 이제 비로소 감사하는 마음을 가지게 된 것입니다.

요즘 가끔 할아버지가 손녀의 부축을 받으며 걷는 모습을 봅니다.

어제는 완전무장을 하고 나오셨더군요.

모자에 마스크 그리고 두꺼운 외투를 입고 나오셨습니다.

한 걸음 한 걸음 옮기는 것이 무척 힘들어 보였습니다.

한 걸음 옮기기가 힘들어지는 나이가 된다면 어떨까 싶었습니다.

그 모습을 바라보며 오랜 세월 나를 싣고 온 몸이 새삼 고맙습니다.

설사 내가 그렇게 할아버지의 연배가 되어 몸이 잘 거동하지 못하더라도 그때도 역시 몸에게 감사의 말을 전하고 싶습니다.

암자와 같은 인생

내 인생은 낡고 오래된 암자와 같다.

가난하고 단순하며 그리고 조용한…….

낡고 오래된 암자와 같은 인생.

내 인생도 그랬으면 좋겠습니다.

가끔 새가 와서 울고 햇살이 반짝이며 찾아오는 암자.

봄이면 꽃들이 방문하고, 여름이면 계곡의 물소리가 찾아오고, 가을이면 소소한 바람소리를 듣고, 겨울이면 하얀 눈이 내리는 곳.

그곳에서 고요하게 앉아 있을 수만 있다면 얼마나 좋을까요.

나는 한 번도 내 인생이 화려한 궁전이기를 꿈꾸어 본 적이 없는 것 같습니다.

그저 소박하고 오래되어 친근한 것들이 좋았습니다.

그래서 그런가요.

이 산중에서 사는 나날들이 좋습니다.

소박하고 조금은 쓸쓸한 이 자리가 참 좋다는 생각이 듭니다.

이 친숙함이 어디서 오는 것인지 모르겠습니다.

아마 전생에도 역시 산에서 살았던 것만 같습니다. 그 흔적들이 내게 남아 익숙한 기쁨을 주는 것은 아닌지 모르겠습니다.

내게 앞으로 주어지는 시간도 역시 이랬으면 좋겠습니다.

오랜 것들을 나무처럼 다 안으며 살아갔으면 좋겠습니다.

해가 뜨고 달이 지는 사소한 것도 기쁨이 되는 고요한 암자와 같은 인생.

그런 인생은 끝도 고요할 것만 같습니다.

고요한 기쁨이 언제나 흐르는 시간들.

내 인생은 그렇게 고요한 암자 하나를 만드는 과정입니다.

마음의 보석

내가 소중히 여기는 보물 세 가지가 있다.
헤아릴 수 없는 사랑, 겸소 그리고 누군가를 가르치려 들지 않는 마음.

산중에 한 처사가 있었습니다.
그의 나이는 70세가 다 되었습니다.
그는 그 연세에도 불구하고 참 부지런했습니다.
새벽예불에서부터 저녁예불까지 그는 몸을 쉬지 않았습니다.
낮에는 절의 궂은 일을 했고 밤이면 늘 경을 읽었습니다.
그는 머리 깎지 않은 출가자였습니다.
언젠가 나는 그에게 물었습니다.
왜 출가를 하시지 그랬느냐고 말이죠.
그러자 그는 말했습니다.
출가를 하고 남들에게 존경을 받는 일이 왠지 자신에게는 맞지 않는 것만 같았기 때문이라고.
차라리 이렇게 산중 처사가 되어 사는 것이 한결 편하다고 했습니다.
지금 부처님을 뵈도 반갑고 스님들을 뵈도 마음이 절로 숙여져 좋다고 했습니다.

그는 그렇게 웃으며 일을 했습니다.

자신이 해야 할 일이 무엇인지 분명히 알고 자신의 길을 가고 있는 사람이었습니다.

겸손과 하심, 그리고 사랑.

사람에게 이것보다 값진 보석은 없습니다.

그는 산중 처사지만 이 세상 가장 값진 보석을 지닌 사람이기도 합니다.

내 안의 보석을 어쩌면 나는 너무 많이 잃어버리고 사는 것은 아닌지 모르겠습니다.

만족할 줄 아는 삶

마라톤은 내게 두 가지를 가르쳤어요.

첫째, 인생에서 가장 중요한 문제는 이기고 지는 게 아니라는 것.

둘째, 코스가 아무리 길고 험하다 해도 그걸 완주할 힘은 다른 곳이 아니라 바로 내 안에 있다는 것을 말이죠.

숲이 아름다운 것은 그저 자족하며 자라는 나무와 풀이 어우러져 있기 때문입니다.

만일 나무와 나무가 경쟁하고 풀과 풀이 경쟁했다면 숲은 아름답지 않을 것입니다.

스스로 자기 힘만큼 자라 만족하는 나무와 풀이 있어 숲은 비로소 아름

답습니다.

조화와 통일의 그 아름다움을 숲은 지니고 있습니다.

산다는 것은 경쟁이 아닙니다.

경쟁이 삶의 전부가 되면 삶은 너무나 힘든 것이 되어버리고 맙니다.

어느 한순간 쉴 겨를이 없습니다.

자기 역량 안에서 만족할 때, 삶은 비로소 건강한 모습으로 돌아오게 됩니다.

비록 현실의 사회적 자리가 낮다 하더라도 만족한다면 그리고 자기 안에서 의미를 찾는다면 그 삶은 아름답습니다.

그러나 사회적 지위가 높다 하더라도 끊임없이 경쟁해야 한다면 그 삶은 병들고 피폐한 모습으로 비칠 수도 있습니다.

삶은 내 안에서 꽃이 되기도 하고 어둠이 되기도 합니다.

삶이 그대 안에서 아름다운 꽃으로 피었으면 좋겠습니다.

내 마음의 등

지금 내가 갖고 있는 모습은 과거에 내가 지은 모습이고, 지금 내가 살아가고 있는 모습은 미래 나의 모습이다.

연등 걸린 광화문 길을 걷습니다.

그 불빛이 화려하지 않고 단아해 오히려 좋습니다.

가끔 바람에 흔들리고 가끔 차 소리에 놀라는지 흔들리기도 합니다.

아, 아름다운 불빛들의 도열입니다.

그 연등의 불빛을 밟고 한 발 한 발 옮기다 보면 정말 예쁜 부처님을 만날 것만 같습니다.

연등 불빛들이 마음의 혼란을 지우고, 연등 불빛들이 마음의 어둠을 지웁니다.

등이 있으면 빛이 있고, 등이 없으면 빛이 없다는 말처럼 내 마음의 등 하나 찾아봅니다.

때로 성내고 때로 탐내는 내 마음에 언제나 바람은 불어 불빛이 보이질 않습니다.

길이 사라지고 혼자 남은 시간. 나는 가만히 내 살아온 날들을 되돌아봅니다.

그리 잘살지 못했습니다.

누구를 향해 배려하지도 않았고 또 함께 나누며 살아오지도 않았습니다.

진리에 대한 열정이나 삶의 전제에도 충실하지 않았습니다.

문득 두려웠습니다.

다시 무엇이 되어 어떤 생의 시간을 만날지 두렵기만 했습니다.

지금 이 시간에 나의 미래가 담겨 있기 때문입니다.

다시 사람 몸 받을 기약이 없는데 이 소중한 시간 너무 함부로 쓰고 있는 것만 같았습니다.

잠시 왔다 가는 세상. 그래서 더욱 소중한 시간.

이 시간의 텃밭에 아름다운 씨앗 하나 묻고 떠났으면 좋겠습니다.

세상에 등불 하나 밝히고

땅에서는 무엇이든지 썩어야 한다.

썩은 것은 거름이 되어 곡식도 기름지게 하고 풀도 무성하게 하고 나무도 단단하게 키운다.

썩혀서 비로소 다른 생명으로 물오르게 한다.

젊어서 내 눈은 현상에 머물러 있었습니다.

'현상은 언제나 변화한다'는 그 흐름을 보지 못했습니다.

그러나 지금 내 눈은 현상이라는 높은 장벽을 이따금씩 넘어서고는 합니다.

그 장벽을 넘어 현상의 안에 흐르고 있는 흐름을 봅니다.

그리고 현상은 아지랑이와 같다는 것을 가끔씩 아주 가끔씩 봅니다.

현상은 한시도 고정되어 있지 않다는 것은 알게 되었습니다.

현상은 이루어지고 머무르고 무너지고 사라져간다는 것을 보게 된 것입니다.

점점 사라져 가는 시간을 흐르다 우리 어느 시간엔가는 형상을 모두 놓는 시간을 만나게 될 것입니다.

우리의 의지가 전혀 작용할 수 없는 시간과 마지막으로 마주하고는 아주 먼 길을 떠나게 됩니다.

우리는 시간의 여행자로서 살아갈 뿐입니다.

많은 것을 가지려할 필요는 없습니다.

그저 바라보고 아름답게 살다가 갈 일입니다.

세상에 아름다운 등불 하나 밝히고 떠나는 여행자가 우리였으면 좋겠습니다.

돌아가는 길

머리카락을 흔드는 바람에 고마움을 느낄 수 있다면 당신은 이미 행복을 맛보고 있는 것이다.

우리 절 앞에 앵강만이라는 만이 하나 있습니다.

그 만은 마치 주머니처럼 바다를 안고 있습니다.

절에서 고갯길을 내려오며 나는 앵강만이 안고 있는 바다를 봅니다.

한 구비 한 구비 돌 때마다 바다는 다르게 다가섭니다.

첫 번째 구비에서 바다는 푸른 숲 너머로 조금만 보이다가 두 번째 구비에서는 바다가 아주 사라져버립니다.

그러다 세 번째 구비에서 바다는 조금 더 적게 보이다가 네 번째 구비가 되면 바다는 전신을 다 드러내 보입니다.

그 고갯길을 내려오면서 나는 알았습니다.

바다가 길을 품고 있는 것이 아니라 길이 바다를 품고 있다는 것을.

그 순간 크고 작은 것의 경계가 무너지는 것을 느꼈습니다.

작은 길에도 안기는 바다를 보고 작은 것은 작은 것이 아니고 큰 것 역시 큰 것이 아니라는 것을 깨달았습니다.

바다가 나타났다 사라지는 은현의 고갯길.

그 길에서 나는 돌아가는 길이 얼마나 좋은 것인가를 배웁니다.

돌아가는 길은 모든 것을 아름답게 다가서게 했습니다.

길을 돌아가듯 우리 마음의 길도 곡선이었으면 좋겠습니다.

그러면 우리 불어오는 바람 한 줌과도 만날 수 있는 여유를 지닐 수 있으니까요.

그대 곁에는

우리는 누구나 고마운 사람을 만나게 되면 금방 그가 누구인지를 떠올리게 된다. 그러나 우리는 너무나 자주 그 고마운 마음을 잊어버린 채 수많은 사람들을 만난다.

이른 아침 산길을 오르고 내려오는 길에 햇살이 내려앉은 산 언덕을 바라봅니다. 곱고 순하게 밀려와 산을 보석으로 만드는 햇살들이 산에게는 눈부시도록 고맙기만 할 겁니다.

햇살이 산 높은 곳에서부터 밀려오는 모습을 보며 나는 그만 탄성을 지르고야 말았습니다.

산의 털끝 하나 건드림없이 내려와 산을 보석으로 채우는 햇살의 따뜻한 배려는 경이였습니다.

내 마음에도 그런 햇살 같은 존재가 있습니다.

그것도 아주 많이 말입니다.

내가 지금 살아가면서 세상에 감동과 감사를 느끼는 것은 햇살 같은 고마운 존재가 아주 많기 때문입니다.

나누기보다는 많이 받고 살아온 삶입니다.

그들 하나 하나의 이름을 호명할 때마다 내 가슴에는 햇살들이 투명하게 내리고는 합니다.

그들은 내 마음에 어둠을 지워 밝음을 전하고, 그들은 내 가슴에 추위를 녹여 온기를 남깁니다.

삶이 따뜻하기 위해서는 온기를 주는 사람이 필요하고 삶이 맑아지기 위해서는 탁함을 거두는 채와도 같은 사람이 필요합니다.

그런 고마운 사람들이 내 곁에는 참 많이 있습니다.

나에게는 그렇게 고마운 이들이 많아 행복합니다.

내게 고마운 모든 이들을 향해 이 아침 미소를 보냅니다.

작은 것들이 주는 의미

얼굴을 찡그리는 데는 일흔두 개의 근육이 필요하지만 미소 짓는 데는 열세 개의 근육만 있으면 됩니다.

미소는 작은 것의 아름다움을 일깨워줍니다.

우리가 그냥 지나치는 것들 속에는 반짝이는 미소가 숨어 있습니다.

바람 한 줌. 햇살 한 조각.

그 모든 것들 속에 숨어 있는 미소를 만나는 일이 행복하게 사는 일입니다.

크고 원대한 것만을 좇다 보면 작은 것들은 무시하고 살아가기 쉽습니다.

작은 것들의 의미가 의미로 다가서지 않기 때문입니다.

그래서 삶이 거칠고 비정해집니다.

인생은 그리 크고 장엄한 것이 아닙니다.

인생은 오히려 작고 작은 것들의 연속인지도 모르겠습니다.

작지만 무수히 많은 이야기와 반짝임을 지니고 있는 것이 인생의 모습일 거라는 생각을 해봅니다. 작고 작은 것들의 모임. 인생.

인생은 그래서 겸손하고 어질게 살아야 하는 것인지도 모르겠습니다.

인생의 본래 모습을 찾아 사는 것이 우리 삶의 바른 모습입니다.

나는 언제부터인가 명예보다는 산사에 부는 바람 한 줌을 더 소중히 생각하게 되었습니다.

인생에서 아무것도 이룬 것이 없다고 할지라도 바람 한 줌 사랑하는 그 마음이 있다면 그래도 행복하게 살았다 말할 수 있지 않을까요.

따뜻한 말

지금 내가 할 말이 사랑합니다, 라는 말이면 좋겠습니다.

살다가 먼 훗날 내 할 말이 행복합니다, 였으면 좋겠습니다.

살다가 내 마지막 남길 말이 고마웠어요, 라면 좋겠습니다.

산다는 것은 함께 한다는 것을 의미합니다.

함께 하는 모든 것들을 향해 사랑과 행복과 감사의 인사를 보낼 수 있다면 그 인생은 잘산 인생이겠지요.

언제 어디에서나 그런 밝고 따뜻한 말들을 남겼으면 좋겠습니다.

어둡고 무거운 말들을 남기고 살아간다면 그 인생은 불행하기 때문입니다. 잠깐 동안만 함께 하는 것이 인생입니다.

길게 오래 함께 하는 것이 아니기에 가급적 양보하고 이해하며 살아야만 합니다.

연민을 가지고 바라보면 나라는 것이 너무나 부질없고 이 세상 모든 존재들이 다 슬프게만 다가옵니다.

따뜻한 가슴으로 감싸 안아주어야만 그 슬픔이 녹아내릴 것만 같습니다.

지금이나 내 떠날 때 따뜻한 말의 온기를 나눌 수 있다면 나는 행복한 사람입니다.

모두가 행복한 세상을 위하여 따뜻한 가슴의 온기를 말에 담아 그대에게 전합니다.

용서의 바다

눈물 그 너머에 사랑이 있어 눈물을 흘립니다.

인내 그 너머에 동행이 있어 오늘도 참습니다.

오늘이 비록 고되더라도 오늘을 포기하지 않기에 내일은 태양과 함께 떠오릅니다.

오늘의 고됨과 실망을 전생의 빚이라고 말할 수 있을 때 그 마음은 이미 용서의 바다가 된 것입니다.

마음에 용서의 바다 하나 품고, 살아갈 일입니다.

그래야 인생의 참된 의미를 만날 수 있기 때문입니다.

용서하지 못하는 마음은 언제나 작은 개울과 같습니다.

무엇이나 넘쳐나는 개울은 혼돈을 의미합니다.

그것은 또 곧 괴로움입니다.

용서는 바다를 만들어가는 일입니다.

고여도 고여도 넘치지 않는 바다가 되는 일이 바로 용서입니다.

강물은 강물대로 달빛은 달빛대로 제각각 살아도 충돌이 없는 곳이 바다입니다.

서로가 기꺼이 자기를 포기하는 즐거움이 있는 곳이 바다입니다.

용서는 내가 없는 것입니다.

무아의 즐거움이 용서입니다.

용서하고 용서하는 일.

그 속에서 즐거움을 만나는 것이 인생의 진정한 의미인지도 모르겠습니다.

인생의 단추

살다 보면 무언가 자꾸만 엇나가는 것을 느낄 때가 있습니다.

왜 이럴까 왜 이럴까 하지만 그 원인을 찾는 일에 우리는 그리 열심히 지 않습니다. 그런 시간들이 길어지면 참 무력해집니다.

우리가 살아가는 일이 그리 만만한 일은 아닙니다.

관심을 지니고 정성을 기울이지 않으면 그것은 늘 어긋나기 마련입니다.

욕심을 많이 낼수록 나만 앞세울수록 그 어긋남의 회수는 잦아집니다.

삶이 자꾸만 내게서 떨어지는 순간이기도 합니다.

그럴 때 행동하기보다는 한 번 생각해봐야만 합니다.

일을 차곡차곡 짚어가보는 것도 좋지만 그보다는 자신의 마음을 먼저 살피는 일이 중요합니다.

지나치게 욕심을 내지는 않았는지 지나치게 의욕만 앞세우지는 않았는지 차분하게 살펴볼 일입니다.

원인을 알게 되면 지금을 바꾸어 나갈 수가 있습니다.

가끔씩 행동을 멈추고 살펴볼 일입니다.

내 인생의 단추가 바로 채워지고 있는지 말입니다.

인정하고 사는 일

우리는 모두 각기 다른 아픔과 상처를 가진 채 살아가고 있다.

그렇다. 인생은 우리 뜻대로만 흘러주지 않는다.

언제나 아픔은 예기치 않은 순간에 오게 됩니다.

불현듯 다가와 마음에 상처를 남기는 것들.

우리는 끝내 상처의 아픔을 이겨내지 못하고 울고야 맙니다.

그러나 그럴 수도 있다는 것을 인정하고 살 수 있다면 우리들에게 상처나 불행이라는 이름으로 다가오는 것은 별로 없을 겁니다.

이미 우리들 인생 속에는 상처와 불행이 있을 수 있다는 것을 알고 있기 때문입니다.

우리들 인생이란 그런 것이지요.

행복이 있으면 불행도 있고, 기쁨이 있으면 슬픔도 있고, 안이 있으면 밖도 있습니다.

그것이 우리들의 인생입니다.

그래서 불행 앞에서도 슬픔 앞에서도 주저앉아 울 일은 아닙니다.

그것은 인생을 살아가고 있는 사람 누구에게나 찾아오는 것이니까요.

이렇게 해석을 해보면 어떨까요.

슬픔이 없으면 기쁨이 없고, 불행이 없으면 행복도 없고, 밖이 없으면 안도 없다고.

그래서 슬픔은 기쁨이고 불행은 큰 행복이라고.

그러면 슬픔 앞에서도 기쁨 앞에서도 한결같을 수 있지 않을까요.

사람의 향기

난꽃이 피던 날, 할아버지가 말씀하셨습니다.

난꽃 향기가 아무리 좋더라도 사람 향기만 할까?

이 세상의 어떤 향기도 아름다운 마음의 향기에는 이를 수가 없습니다.

나도 그렇게 향기 나는 사람이 되고 싶습니다.

그러나 아직 내게서 향기는 먼 일처럼 느껴집니다.

이 세상 모든 것을 향한 뜨거운 사랑과 연민과 포용이 없기 때문입니다.

사람의 향기는 하심할 때 그리고 아픔을 함께 하는 자리에서 피어오릅니다.

꽃의 향기는 역풍에 사라져버리지만 덕의 향기는 역풍을 거슬러 올라 전해진다고 합니다.

그런 향기의 사람이 될 수 있다면 인생을 잘산 것이라고 말할 수 있을 겁니다.

우리들 삶의 시간은 짧습니다.

그리고 언제까지라고 예정되어 있지도 않습니다.

그런 시간을 우리는 살아갑니다.

무엇을 욕심내고 살 일은 아닙니다.

그냥 다 놓고 한 번 살아볼 일입니다.

나라는 생각, 내 것이라는 생각까지도 말입니다.

그러면 향기로만 가득한 인생을 살 수 있지 않을까요.

내 삶의 그림

인생은 스스로 그려나가는 그림입니다.

우체통이 있는 바닷가의 삶을 만나고 싶다면 그 그림을 열심히 그려 가면 됩니다.

뜻이 있는 곳에 길이 있듯이 열심히 만나고자 하는 삶의 그림을 그려갈 때 비로소 그런 삶과 만나게 되는 것이죠.

내게도 역시 만나고 싶은 삶이 있습니다.

그 삶은 산에서 새와 나무와 친구가 되고 조용히 텃밭을 일구며 자신과 마주하는 삶입니다.

나는 지금 온몸으로 그날의 삶을 위해 그림을 그려 가고 있는 중입니다.

그 그림을 그려 가면서 내 그리는 삶을 위배하는 내 자신의 소유와 집착은 하얀색으로 지우고, 숲과 만나고 새와 함께 하는 자신의 모습에는 아주 예쁜 색들을 더하고 있습니다.

점점 내 인생의 그림이 단출해지고 밝아지는 것을 느낄 수가 있습니다.

언젠가 아주 한적한 자리에서 따뜻하게 자신을 만나겠지요.

그때 마침내 내 그림의 방점을 찍겠습니다.

깨달음

말은 씨앗과 같습니다

당신 참 좋다.
이 말 한마디가 내 마음의 큰 보물입니다.
당신에게서 받은 이 기꺼운 선물을 난 아직도 먼지 하나 묻히지 않고 보관하고 있답니다.

마음 속에 말 한마디가 즐거움이 되고 희망이 됩니다.
내 안에 담긴 말들을 하나씩 떠올려봅니다.
'그래. 그만하기 다행이다.'
'네가 져주지 그랬니.'
'한 대 맞더라도 싸움은 하지 마라.'
'밥은 꼭 먹고 자라.'

모두 어머니께서 내게 해주신 말씀들입니다.

그 말씀이 있어 때로 괴롭더라도 이 세상 그리 미워하지 않고 살아갈 수 있습니다.

그래, 그럴수도 있지 뭐. 이해하고 넘어갈 수 있게 된 것입니다.

출가를 하고 나서 내 가슴에 남아 있는 말씀들이 있습니다.

"자비심을 가져야 해."

"중이 일반인만도 못해서는 안 돼. 늘 마음을 넓게 써야지."

"이 세상 안 나온 셈 치고 공부해."

그런 말씀들이 이 세상 모든 사람을 섬기는 마음을 지니게 합니다.

잘난 척하지 않고 그저 묵묵히 내 할 일을 하고 사는 삶의 즐거움에도 눈뜨게 했습니다.

말은 바람과 같은 것이 아니라 씨앗과 같은 것입니다.

한마디 말이 누군가의 가슴에 씨앗으로 내려 발아하는 것입니다.

함부로 말할 수 없습니다.

내 말이 누군가의 가슴에 씨앗이 되고 열매를 맺는다는 사실이 선명하게 다가와 말의 소중함에 눈뜨게 하는 시간입니다.

자비와 사랑

소년이 물었습니다.

"어째서 우리는 자신의 마음에 귀를 기울여야하는 거죠?"

"그대의 마음이 가는 곳에 그대의 보물이 있기 때문이지."

우리들 마음에 보물이 있다는 것을 우리가 알고나 살아가고 있을까요.

한 사내가 있었습니다.

사내는 무척 가난했지요.

가난한 사내가 어느 날 길을 가다 부자 친구를 만났습니다.

부자 친구는 가난한 친구를 보는 순간 너무 마음이 아팠습니다.

그래서 가난한 친구의 자존심이 상하지 않도록 아무도 모르게 가난한 친구의 주머니에 보석을 넣어주었습니다.

그리고는 헤어져 몇 년 후에 두 친구는 다시 만나게 되었습니다.

가난한 친구를 본 부자 친구는 친구의 예전과 다름없는 허름한 행색에 놀라며 묻습니다.

"자네, 내가 주머니에 넣어준 보석은 팔아서 벌써 다 탕진해버렸는가. 그 보석이라면 집도 사고 논도 사서 웬만큼 살아갈 수 있었을 텐데……."

그러자 가난한 친구가 깜짝 놀라며 주머니에 손을 넣어서 손에 잡히는 무언가를 꺼내어 봅니다.

값 비싼 보석이었습니다.

그제서야 가난한 친구는 자기에게 보석이 있다는 것을 안 것입니다.

우리에게도 아주 값 나가는 마음이라는 보석이 있습니다.

가난하게 살지 마십시오.

자비와 사랑을 풍성하게 나누며 사십시오.

그대는 마음이라는 보석을 가진 부자니까요.

우리들의 아침

매일 아침 매일 밤 태어나 비참하게 되는 이 있고, 매일 아침 매일 밤 태어나 즐거워지는 이 있다.

아침이 햇살처럼 상쾌한 날이 있습니다.

그런가 하면 또 아침이 먹구름처럼 무거운 날도 있습니다.

해는 똑같이 떠 아침을 열지만 아침은 사람마다 이렇게 다르게 다가옵니다.

마음이 햇살 같을 때 아침은 햇살되어 다가오고, 마음이 먹구름 같을 때 아침은 비구름처럼 다가옵니다.

마음이 햇살 같은 날은 무엇을 봐도 즐겁습니다.

그 선 자리가 바로 극락이 되는 것이지요.

마음이 먹구름 같은 날은 무엇을 봐도 우울합니다.

그 자리가 바로 지옥이 되는 것이지요.

극락과 지옥을 능히 만들어 내는 우리 마음은 참 신기하기도 합니다.

하지만 그 마음을 부리는 것은 바로 우리 자신입니다.

그래서 우리들 자신은 그 어떤 것보다도 위대합니다.

우리는 매일 아침을 햇살로 만들 수도 있고, 먹구름으로 만들 수도 있습니다.

우리가 우리 자신을 깊이 알아감에 따라, 그리고 우리 자신과 친숙해져 감에 따라, 우리들의 아침은 더욱 화사한 햇살이 될 것입니다.

그러나 우리 자신을 우리가 알지 못한다면 우린 언제나 먹구름 같은 아침을 만나게 될 것입니다.

햇살 같은 아침을 맞는 우리 모두가 되었으면 좋겠습니다.

마음의 벽

진정 우리가 미워해야 할 사람이 이 세상에 흔한 것은 아니다.
원수는 맞은편에 있는 것이 아니라 정작 내 마음 속에 있을 때가 더 많기 때문이다.

비가 그친 오후, 도량을 거닐다 계곡의 물소리를 들었습니다.

물 내려가는 소리가 너무 시원하게 들려 가슴까지 씻기어가는 것 같습니다.

그 순간 그 물소리는 마음을 씻는 세심성이었습니다.

마음을 씻는 소리 세심성洗心聲.

나는 계곡에 나가 그 물소리를 오래도록 들었습니다.

마음의 벽들이 마구 무너져 내리는 것만 같았습니다.

우르르 무너져 내리는 마음의 벽들.

내 마음 속에 웅크리고 있던 증오, 미움의 감정들도 우르르 무너져 내리는 것만 같았습니다.

마음의 벽이 사라진 자리에서 나는 나를 찾을 수가 없었습니다.

그동안 나는 미움이었고, 증오였고, 경계였다는 생각이 들었습니다.

미움과 증오와 경계가 사라진 자리에서 내가 만난 나 없음은 내게 그렇게 말하고 있는 것만 같았습니다.

사랑은 내가 없는 것이고 자비는 그대가 없는 것이라는 것을 그 순간 비로소 알 것만 같았습니다.

물 흐르는 곳에서 만난 아름다운 삶의 가르침들이 새로운 나를 만들어 가고 있었습니다.

미움과 증오가 사라진 자비와 사랑의 나를.

존재의 가치

아무렇게나 피어 있는 꽃은 없다.

마지못해 피어 있는 꽃도 없다.

꽃 한 송이 마음에 내려와 앉습니다.

내 눈 밖의 꽃과 내 마음의 꽃 모습이 같습니다.

내 눈 밖의 꽃과 내 마음 안의 꽃이 대화를 합니다.

"이 세상 안과 밖은 없어. 그리고 작고 큰 것 또한 없어. 그 큰 마음을 너는 꽉 채우고 서 있잖아."

이 세상에 작은 것은 없습니다.

이 세상에 아무런 가치 없는 존재는 없습니다.

이 세상 모든 존재는 우주적 존재입니다.

그래서 우리는 고개 숙여 경배하고 살아야 합니다.

이 세상 모든 존재들을 향해 감사의 마음 가득 안고 살아가야만 합니다.

그래야 당신 역시 우주적 존재가 되어 꽃 피게 될 테니까요.

오늘 아침 꽃 한 송이가 우주의 소식을 전합니다.

우리 모두는 하나야.

사랑의 소식 하나 유독 가슴에 와 닿습니다.

세상을 사는 방법

사람들은 항상 말만 늘어놓지.

귀 기울이는 일에는 인색하면서 말야.

잘 보고 잘 들어야만 정말 알아야 할 모든 것들을 배울 수가 있지.

남들이 말할 때 잘 듣자고 늘 마음먹습니다.

그러나 그것이 때로 잘 안 될 때가 있습니다.

의견이 같을 때는 잘 듣지만 의견이 다를 때는 꼭 반론을 펴게 됩니다.

다른 의견이 지닌 가르침을 배울 소중한 기회를 잃는 것입니다.

생각해보면 세상을 사는 방법에는 득이 되게 사는 삶과 손해가 되는 삶이 있는 것 같습니다.

득이 되게 사는 방법은 남의 말 잘 듣기, 부드럽게 말하기, 온화한 표정

짓기, 그리고 함께 나누기 등이 있습니다.

그리고 손해가 되게 사는 법은 자기 말만 실컷 하기, 화난 표정 짓기, 무뚝뚝하게 말하기, 자신의 것만 챙기기 등이 있겠지요.

득이 되는 삶을 사는 사람은 지혜의 사람이고, 손해가 나게 사는 사람은 어리석은 사람이지요.

좀 더 지혜롭게 살고 싶습니다.

그러나 나는 어리석게 사는 것만 같습니다.

마음에 자비와 사랑이 없기 때문일까요.

자신의 모습을 오늘도 반성해봅니다.

마음을 바꾸어보십시오

자리에서 일어나면, 이 아침 햇빛에 감사하고 당신이 가진 생명과 힘에 대해, 먹는 음식에 그리고 삶의 즐거움에 감사하라.

어느 날 절에 젊은 부부가 찾아왔습니다.

집을 짓다가 인부가 떨어져 하반신 마비가 되었다고 했습니다.

그리고 집안에 안 좋은 일이 자꾸 겹쳐 어떻게 해야 하는지 묻기 위해서 왔다고 했습니다.

절에 오기 전에 점을 보러 갔더니 굿을 하는 게 좋다고 하던데 굿을 하기는 좀 망설여진다고 했습니다.

그래서 절에서 천도재를 지내면 어떻겠냐며 물었습니다.

천도재도 좋고, 기도도 좋지만 삶을 사는 자세가 중요하다고 말했습니다.

어두운 상황 속에서도 밝은 마음을 지니면 곧 밝은 날이 오고, 침울한 마음을 지니고 있으면 밝은 날들이 오다가 돌아간다고 말했습니다.

그러자 그들은 그냥 웃었습니다. 마치 당연한 이야기 아니냐는 듯이 말입니다.

그러나 그들은 그 당연한 일을 실천하지 못하고 있다는 사실을 깨닫지는 못했습니다.

마음을 바꾸어 보십시오. 그리고 그 바뀐 마음으로 인생의 한가운데를 걸어가보십시오.

그러면 밝은 날이 그대의 어깨에 햇살처럼 내려앉을 겁니다.

내 탓

사람들은 자신을 꾸짖는 대신 다른 사람을 꾸짖으려 한다.

모든 것이 내 탓이다……라고 말할 수 있게 되기까지는 많은 시간이 필요합니다.

시간이 가고 시간 속에서 익어 모든 것을 다 받아들일 수 있을 때 비로소 남을 꾸짖기보다는 자신을 꾸짖을 수 있습니다.

타인을 향해 관용을 보이고 자신을 향해 질책의 죽비를 드는 것은 비로소 인생의 진리와 만나게 되었다는 것을 의미합니다.

우리들 인생의 변하지 않는 진리 하나는 모든 것이 내게서 시작된다는 것입니다.

내가 웃을 때 세상은 내게 웃으며 다가오고 내가 성낼 때 세상은 성내며 다가옵니다.

그러나 살다 보면 이런 말을 들을 때가 있습니다.

한없이 착하게 살아왔는데 왜 이렇게 안 좋은 일만 다가오느냐고. 많은 사람들이 그렇게 항변합니다.

그러나 그때도 내 자신을 돌아볼 수 있어야 합니다.

밖을 향해 원망하기보다는 자기 자신을 돌아볼 수 있을 때 성내며 다가오는 세상을 막아낼 수 있는 힘도 길러집니다.

밖을 향해 원망을 멈추지 않으면 삶에 있어서 자신의 자리를 잃게 됩니다.

자기 자리를 지키고 사는 일이 삶의 아름다움입니다.

그 아름다움을 지키고 살 때, 세상도 언젠가는 아름다운 모습으로 다가올 것입니다.

내 모습을 만나는 일

나에게 평온함을 줄 수 있는 사람은 바로 나 자신입니다.

바람이 꽃길을 스치고 지납니다.

꽃들이 바람을 향해 손을 흔듭니다.

만나고 헤어짐이 유쾌합니다.

내 삶의 어느 시간이 생각납니다.

그렇게 가볍고 유쾌하게 보냈던 시간들이.

내 안의 나를 유심히 들여다보면 참 많은 것들과 만날 수가 있습니다.

반짝이며 미소를 짓던 순간의 '나'도 있고 때로 화내고 거친 표정의 '나'도 있습니다.

푸른 산 언덕에 누워 맑은 하늘을 바라보는 '나'도 있고 친구들과 산등성이를 뛰어다니며 함성을 지르던 '나'도 있습니다.

나는 나의 전시장입니다.

나는 내가 전시된 시간의 전시장을 하나하나 구경하며 때로 웃음 짓고 때로 안쓰러워하기도 합니다. 참 편안합니다.

시간은 내게 편안함이라는 넓은 공간을 남겼습니다.

안쓰럽던 지난날도, 미친 듯이 들끓던 성냄도 이제는 멀찍이 떨어져 바라볼 수 있게 된 것입니다.

내가 이만큼 떨어져 있음으로 과거의 내가 이렇게 편하게 다가옵니다.

내가 지은 내 모습들을 만나는 것이 마치 미풍이 꽃을 만나고 가는 것만 같습니다.

마치 자신이 만든 작품들을 감상하는 것만 같습니다.

아, 저랬었구나. 저러면 안 되는데……하며 자신의 삶을 교정하기도 합니다. 그러면서 나는 웃습니다.

앞으로의 삶이 내 웃음처럼 유쾌해지기를 기원하면서 말입니다.

자신의 모습을 만나는 것.

가끔씩 해볼 일이라는 생각이 듭니다.

자신을 비우는 일

사람과의 관계에서 때로 텅 빈 공간이 되라.

다른 사람이 지나다니게 하라.

자신을 비우는 기쁨은 진정 비워본 사람만이 알 수가 있습니다.

자신을 비워보기 전까지는 자신을 비우라는 말은 하나의 구호에 지나지 않습니다.

그러나 자신을 온전히 비워 보았을 때 자신을 비우라는 말은 살아 있는 진리로 다가옵니다.

세상에 많은 말들이 있습니다.

그러나 수많은 진리의 말씀들도 단지 구호로 전락하는 시간을 목격하게 됩니다.

가슴이 아픕니다.

우리가 가슴으로 받아들이고 실천할 수 있을 때 세상의 수많은 가르침은 생생한 진리가 되어 다가옵니다.

자신을 비운다는 것, 그것은 어렵고도 쉬운 일입니다.

마음을 돌이킬 수 없는 사람에게 그것은 한없이 어려운 일이지만 마음을 돌이킬 수 있다면 그것은 손바닥을 뒤집는 것처럼 쉬운 일이 됩니다.

살아가는 일은 자신을 비우는 일입니다.

자신을 비워 이 세상 존재하는 모든 것들과 하나가 되는 일입니다.

채우면 채울수록 작아지는 것이 우리들 존재의 모습입니다.

비우고 또 비워 내가 없어진 자리에 이 온 우주는 사랑의 이름으로 다가올 것입니다.

오늘이 주는 의미

오늘을 사랑하라. 오늘에 정성을 쏟으라.

오늘 만나는 사람을 따뜻하게 대하라.

오늘이 없다면 내일도 없고 어제도 없습니다.

오늘이 있기에 내일을 생각할 수 있고 어제 역시 생각할 수가 있습니다.

오늘 나는 푸른 하늘을 봅니다.

그리고 그대를 만나고 꽃들을 만납니다.

오늘은 영원입니다. 오늘이 없으면 영원도 없기 때문입니다.

오늘 내가 만난 하늘과 그대 역시 내게는 영원입니다.

잠깐 스쳐가는 것이 아니라 영원으로 다가서기에 소중합니다.

오늘, 이 살아 있음이 정말 고맙습니다.

살아 있다는 것, 하나만으로도 다른 무엇을 구해야 할 이유가 없습니다.

좀 어렵고 힘들더라도 살아 있다는 사실 하나에 만족하고 기뻐하며 살아보십시오.

그러면 삶의 힘든 고개도 좀 쉽게 넘어갈 수가 있을 것입니다.

어느 날 인도에서 온 한 사람을 만났습니다.

오래 전 출가한 절에서 보았던 그녀는 이제는 나이가 들어 보였습니다.

인도 바라나시에 살고 있다고 했습니다. 불교 공부를 하기 위해 미국에도 있었고, 인도의 여러 곳을 다녔다고 합니다.

그녀가 바라나시에 산다고 말할 때 나는 무심결에 "시끄럽고 매연과 소음 끊이지 않는 곳에서 어떻게 살아?" 하고 말했습니다.

그러자 그녀가 대답했습니다.

"그냥, 살아 있으면 됐지요. 뭘."

나는 멍하니 한 대 맞은 기분이 됐습니다.

그것은 어떤 선사의 말씀보다도 크게 내 마음에 공명을 남겼습니다.

삶이 새롭게 보이는 순간이었습니다.

삶의 최상의 가치는 지금. 오늘, 우리가 살아 있다는 것입니다.

그 의미를 날마다 만날 수만 있다면 그대는 가장 큰 부자로 인생을 사는 것입니다.

호구산에 올라

사람들이 바쁘게 오가는 모퉁이에 서서 모자를 손에 들고 그들이 낭비한 시간을 모두 내게 적선해달라고 말할 수 있었으면 좋겠다.

아침 호구산에 올라 사면을 둘러봅니다.

내 눈길 가는 곳 어디서나 바다를 만납니다.

끝없이 이어지는 바다의 물결들.

그 물결들이 하늘에도 물결의 자국을 남깁니다.

하늘과 바다가 하나 되는 곳.

그러나 그곳은 이를 수 없는 곳이기도 합니다.

하늘과 바다 저희만 만나다가, 누군가 오면 그들은 금세 그 자리를 지워버리고 맙니다.

수평선, 해도 그곳에서 떠오르고 바다의 바람도 그곳에서부터 불어오는 것만 같습니다.

그래서 장엄하고 신선합니다.

호구산 정상에 서서 수평선에 눈길 하나를 얹습니다.

눈길이 푸르게 길을 냅니다.

문득 육신이 거추장스럽습니다.

가볍고자 하지만 내 육신의 무게는 비행을 허용치 않습니다.

마음은 어디에든 막힘없이 가는데 육신은 그 어디도 자유롭게 가지를 못합니다.

육신이 있어 구속이 있습니다.

그러나 구속이 없다면 어떻게 자유의 꿈이 있겠습니까.

산 정상에서 수평선의 유혹을 접습니다.

그리고 내가 딛고 선 자리를 다시 살펴봅니다.
바로 지금 여기를 벗어나면 아무것도 없다는 것을 다시금 확인합니다.

바람처럼 떠날 수 있는 삶

늘 오늘 태어났다고 생각하며 살아라.
오늘 죽는다고 생각하며 살아라.

오늘 하루가 내 생의 전부라면 오늘 하루는 얼마나 아쉬운 날이 될까요.
가끔씩 생각해봅니다.
오늘 하루가 내 생의 전부라면 나는 어떤 마음일까, 하고 말이죠.
솔직히 말해서 슬플 것만 같습니다.
그것은 곧 이별의 시간을 의미하기 때문입니다.
다시는 이 모든 것들과 만날 수 없다는 단정적 이별.
그 이별의 명확성이 눈물로 다가섭니다.
아마도 집착의 결과가 이런 것이 아닌가싶습니다.
어려서부터 다짐한 것이 있습니다.
눈물이 나지 않을 만큼만 머물다 가자는 것이었습니다.
하지만 이런 다짐들이 몇 번이나 깨어졌습니다.
더러더러 눈물을 머금으며 살기도 했고 눈물을 흘리며 살기도 했습니다.
세상 모든 것을 따뜻하게 느끼면 느낄수록 눈물은 자꾸 찾아오곤 했습

니다.

그냥 바람처럼 어느 자리에서도 떠날 수 있는 삶을 아직은 만나지 못하고 있습니다.

그것은 그냥 열심히 산다고 얻어지는 것은 아닙니다.

생명의 본래 모습을 깨달아야 비로소 바람과도 같은 삶을 만날 수 있을 겁니다.

집착하지 않는 삶.

아쉬움 없이 보내는 생의 그날을 기다립니다.

조화로움

마음에 푸른 가지를 품고 있으면 지저귀는 새가 날아와 그곳에 앉는다.

벚꽃 지는 길을 걸었습니다.

하얀 눈 속을 걷는 것 같았습니다.

그러나 눈 속보다는 부드럽고 따뜻했습니다.

낮에 걸었던 그 길을 밤이 되어 또 걸었습니다.

달빛을 받으며 지는 꽃잎들.

그리고 그 속을 걸어가는 나.

그 속에는 꽃잎도 달빛도 사람도 없었습니다. 하나였습니다.

모두 하나가 된 '조화'가 있었습니다.

조화는 생명의 질서이고 숨결입니다.

사람과 사람과의 조화.

자연과 사람과의 조화.

자연과 자연과의 조화.

그 조화로운 삶의 자리가 열반이고 그 조화로운 삶의 세계가 극락입니다.

벚꽃이 지는 꽃길을 걸으며 나는 모든 번뇌가 사라진 열반의 그림자를 보았습니다.

꽃잎이 질 때마다 어리던 그림자는 내게 꽃처럼 아름다운 한 생애를 살라고 말했습니다.

꽃처럼 행복하고 꽃처럼 아름다운 삶의 자리에 서면 이 세상 모든 것이 조화의 산물임을 알게 될 것만 같습니다.

꽃잎이 집니다. 달빛이 어립니다. 내가 걸어갑니다.

이것은 모두 하나의 조화입니다.

그 아름다움을 벚꽃이 문득 일깨워줍니다.

상처를 지우는 일

사람들은 작은 상처는 오래 기억하고 큰 은혜는 쉽게 망각한다.

살다 보면 잊어야 할 것들이 많습니다.

이별의 아픔도 잊어야 하고 어려웠던 시간의 기억들도 잊어야 합니다.

삶은 언제나 분홍빛 설렘이 아니기 때문입니다.

잊지 못하면 괴로움은 계속됩니다.

그 긴 행렬 속에는 분노와 원망이 자리합니다.

그래서 잊어야 합니다.

사람들은 때때로 말합니다.

잊고싶지만 잊을 수 없다고.

하지만 그 시간은 정작 미워해야 할 대상과 상황은 사라지고 난 뒤의 일이기 쉽습니다.

다만 내 마음에 각인된 흔적과 상처를 껴안고 우리는 미워하고 괴로워하고 있을 뿐 입니다.

오랜 시간이 지난 뒤에도 잊지 못하는 것은 곧 대상이 아니라 자신이 자신을 미워하는 것입니다.

우리 마음을 향해 이제 그만 멈추라고 말해야 합니다.

마음이 더 이상 미움으로 달리지 않고 마음이 더 이상 분노에 접근하지 않게 해야만 합니다.

마음에 새겨진 자국을 지우는 일이 곧 잊음입니다.

잊지 못하는 것은 자신을 학대하는 것입니다.

잊는 것은 자신을 사랑하는 일입니다.

자신을 학대하고 사랑하는 것은 오직 우리의 선택에 달렸습니다.

그 선택이 사랑이기를 기원합니다.

값진 보배를 찾는 일

사람의 마음 속에는 많은 악이 있다.

하지만 사람의 마음속에는 크나큰 선도 있다.

이 세상을 더 좋은 곳으로 만들기 위해서 최선을 다하면 평온한 시간을 누릴 수 있다.

안개 자욱한 아침입니다.

안개는 햇살이 닿으면 스스로 사라져갑니다.

마음과 세상의 이치가 이와 같다는 생각이 듭니다.

무언가를 무리하게 해야 할 이유가 없습니다.

우리 마음속 가득 메우고 있는 번뇌는 지혜가 떠오르면 절로 사라지고, 우리 삶의 모든 고뇌는 우리 마음을 돌이키면 사라집니다.

번뇌는 번뇌로 제거할 수 없고, 고통은 고통으로 제거할 수 없습니다.

그러나 우리는 그렇게 살아가고 있습니다.

번뇌를 번뇌로, 고통을 고통으로 다스리려 하고 있습니다.

그것은 다만 번뇌와 고통의 무게만 더할 뿐입니다.

들판의 고삐 풀린 말처럼 번뇌와 고통을 향해 내달리는 마음을 멈출 수 없다면 고통과 번뇌는 더욱 더 확대 재생산될 뿐입니다.

우리가 좋지 않다고 말하는 모든 것들은 더 자극적이고 더 큰 관성을 지니고 있습니다.

그 마음을 멈추는 일이 곧 선한 마음과 만나는 일입니다.

선한 마음을 만날 때 우리 마음 가득 자리했던 번뇌와 고통이라는 악의 마음은 사라져갑니다.

우리 마음속에는 선이라는 보배가 있습니다.

살아가는 동안 그 값진 보배를 다 찾는 것이 생을 아름답게 사는 일이 아닐까요.

보배로 풍요로운 삶이 당신의 삶이기를 발원합니다.

내 안의 마음

아름다움을 발견하기 위해 전 세계를 떠돌아다닌다 해도 우리 안에 아름다움이 없다면 우리는 결코 아름다움을 발견하지 못합니다.

꽃을 봅니다. 꽃이 아름답습니다.

그러나 이 말은 정확한 의미에서 맞는 말이 아닌지도 모릅니다.

차라리 꽃을 본 내 마음이 아름답다고 말하는 것이 더 맞는 말인지도 모르겠습니다.

왜냐하면 똑같은 꽃을 보아도 어떤 사람은 아름답게 느끼고 또 어떤 사람은 전혀 아름다움을 느끼지 못하기 때문입니다.

그래서 아름다움은 결코 밖에 있는 것이 아닙니다.

아름다움은 우리 안에 있습니다.

우리 안에 아름다움이 없다면 우리는 결코 아름다운 것들을 만날 수가

없습니다.

햇빛이 꽃들을 피우듯 우리들 안의 아름다움이 이 세상에 아름다움을 꽃피웁니다.

아름다운 마음을 지니십시오.

이 세상을 행복하게 항해하고 싶다면 마음을 아름답게 지니십시오.

마음을 아름답게 지니는 순간 당신은 행복과 만나게 될 것입니다.

아름다운 마음은 욕심을 버릴 때 비로소 찾아옵니다.

그 아름다운 마음들이 이 세상 모든 것들을 아름다운 이름으로 다가오게 한다는 사실을 기억해야만 합니다.

꽃을 보듯이 나를

매일 몇 분만이라도 하던 일을 멈추고 조용한 곳에서 아무런 방해도 받지 않고 마음을 평온케 하거나 생각에 잠겨볼 수 있다면 몇 달이 지난 뒤 이것이 삶에 도움이 되고, 힘을 주며 인생의 방향을 잡도록 이끌어주었다는 사실을 깨달을 수 있을 것이다.

유채꽃들이 마치 아기들이 웃는 모습 같습니다.

돌담 아래서 노란 바람이 되어 흔들리는 그 꽃들이 마음에서 지워지지가 않습니다.

그 순간 꽃이 되고싶었습니다.

가끔 살다 보면 사람이기보다는 꽃이었으면 더 좋겠다는 생각이 들 때가 있습니다.

꽃을 보고 싫어하는 사람은 아무도 없기 때문입니다.

그러나 지금의 나를 보면 싫어하는 사람이 아무도 없다고 말할 수도 없습니다.

어떤 이는 좋아하고 어떤 이들은 싫어하는 것이 내 삶의 모습일 것입니다.

꽃보다도 못한 모습입니다.

그것은 내가 때로는 친절하고 때로는 불친절하다는 것을 의미합니다.

또 내 모습이 때로는 행복하고 때로는 불행하다는 것을 말하기도 합니다.

한결같이 친절하고 한결같이 행복한 그날들이 오면 누구나 꽃을 보듯 나를 보지 않을까요.

그날이 기다려집니다.

잠깐 멈추어보십시오

평정심을 잃거나 좌절과 분노로 가득 찼을 때는 작전 타임을 쓴다.

그것이 60분이던 60초건 상관없이…….

무엇을 하기 전에 잠깐 멈추십시오.

그리고 그 일의 과정과 결과에 대해 생각해보십시오.

물론 처음에는 어려울 수 있습니다.

그러나 반복하다보면 그것이 그리 어렵지 않은 일이라는 것을 알게 됩니다.

인생의 모든 것은 훈련으로 가능해집니다.

그리고 그 훈련 과정이 수행입니다.

우리가 수행을 하는 이유는 마음의 평정을 잃지 않기 위해서 입니다.

평정은 외부의 조건에 반응하지 않는 것입니다.

그러므로 평정은 본질적인 것이고 내면적인 것입니다.

평정을 지닌 그 순간, 우리는 내면과 만나고 있는 것입니다.

분노와 좌절은 외부의 반응에 근거한 것입니다.

그것은 우리들에게 불행을 제공합니다.

화가 났을 때 그리고 무언가를 포기하고 싶을 때, 잠깐 멈추어보십시오.

그 잠깐의 멈춤이 그대에게 평정을 가져다줄지도 모릅니다.

그때 그대는 내면과 만나게 되고 그 순간 새로운 자신의 모습을 보게 될 것입니다.

자신을 사랑하십시오

살면서 만나는 사람들 중에 당신 곁에 가장 오래 있을 사람, 결코 떠나지 않을 사람, 잃지 않을 사람은 당신 자신이다.

날이 다시 차졌습니다.

봄은 그렇게 쉽게 오는 것이 아닌가 봅니다.

살다가 때로 힘들더라도 쉽게 낙망하거나 포기하지는 마십시오.

내일이면 다시 따뜻한 봄날이 올 것이라고 믿는 것처럼 이 순간이 지나면 행복한 날이 올 것이라고 믿으십시오.

자기 자신을 사랑하는 사람은 결코 낙망하거나 포기하지 않습니다.

그대가 낙망하거나 포기하려 한다면 당신은 자신을 사랑하지 않는 사람입니다. 자기 자신을 사랑하는 사람은 어떠한 순간에도 희망과 의지를 잃지 않습니다.

사랑은 믿음이기 때문입니다.

자기 자신을 사랑하는 사람은 자신을 굳게 신뢰합니다.

생각해보면 나는 내게 너무 소중한 존재입니다.

이 세상 모든 것들이 다 내게서 멀어져도 나는 내게 남아 있습니다.

그러나 우리는 그 소중한 존재의 가치를 잊고 살아가고 있습니다.

그래서 쉽게 낙망하고 쉽게 포기하려 듭니다. 하루에 한 번 입을 닫고, 눈을 닫고, 당신 자신을 만나러 길을 떠나보십시오.

자기 자신을 만난 사람은 어떤 상황에서도 언제나 고요합니다.

그 고요한 평화가 당신의 참모습이라는 것을 기억했으면 좋겠습니다.

자각

인생은 대리석과 진흙으로 되어 있다.

진흙은 푹신 하지만 발을 더럽힌다.

대리석은 보기엔 좋으나 발바닥이 아프다.

보기 좋은 것이 언제나 좋은 것은 아닙니다.

보기 싫다고 금방 밀어낼 일도 아닙니다.

보기 좋은 것은 좋은 대로, 싫은 것은 싫은 대로 그냥 품으면 됩니다.

모든 것은 다 나름의 가치가 있기 때문입니다.

인생을 살면서 참 많은 것을 배우게 됩니다.

좋은 게 좋은 것이 아니고 싫은 게 단지 싫은 것이 아니라는 것을 이제

서야 배우게 됩니다.

좋은 것은 챙기고 싫은 것은 뒤도 돌아보지 않고 버렸던 자신의 마음이 얼마나 모진 칼날이었는가를 이제서야 보게 된 것입니다.

마음에 칼을 품고 세상을 따뜻하게 살아갈 수는 없습니다.

따뜻하게 살아가지 못한다면 인생의 기쁨을 만날 수도 없는 일입니다.

삶의 온기를 지켜 나가는 것은 돈, 명예, 권력이 아니라 나눔, 배려, 이해입니다.

마음에 예리한 칼이 얼마나 쓸모없는 것인가를 이제서야 봅니다.

둥글게 둥글게 마음을 다듬고 살 일이라는 것도 이제서야 알게 되었습니다.

이 때늦은 자각이 내게는 소중합니다.

세상 모든 것을 버리거나 취하는 삶의 편견을 지울 수 있기 때문입니다.

작은 것이 가장 큰 것

바이올린을 단풍나무로 만듭니다만, 그 단풍나무를 키운 땅부터 살펴보지 않으면 좋은 바이올린을 만들 수 없습니다.

오대산 길을 따라 서대에 이릅니다.

남루한 집 한 채, 집 뒤편에는 땔감이 단정하게 쌓여 있습니다.

마치 정좌하고 앉은 수행자를 보는 것 같습니다.

너와가 지붕을 덮고 있는 집.

해가 뜨면 스스로 오무러 들고, 비가 오면 스스로 펴져 지붕을 덮은 너와는 살아 있는 나무의 운동을 그대로 합니다.

그 집에 누우면 맑은 날 하늘의 별을 볼 것 같습니다.

누워서 하늘의 별을 볼 수 있는 집이라면 그 집은 어쩌면 가장 큰 우주의 집인지도 모르겠습니다.

가장 남루하지만 가장 크고 넓은 집.

그것이 수행자의 집이라는 생각이 듭니다.

수행자는 가장 가난한 자리에서 가장 넓은 서원을 지니는 사람이기 때문입니다.

서대 곁에 우통수라는 작은 샘 하나가 있습니다.

이 샘이 한강의 발원지입니다.

이 물줄기가 흐르고 흘러 한강이 된다고 합니다.

한강의 맨 처음 물줄기. 우통수.

작고 작은 것이 도도한 강물을 품고 있는 것입니다.

우리들의 상식으로는 이해가 되지 않는 부분입니다.

우리들의 상식은 '작은 것이 큰 것을 품는다'는 사실마저도 다 올바르게 반영하지 못합니다.

작은 것이 큰 것을 품는다는 것을 우통수는 보여줍니다.

의식의 벽이 깨어집니다.

남루와 화려함.

크고 작은 것이 하나라는 것을 서대에서 새삼 깨닫습니다.

바람이 전하는 말

마지막에는 모든 것이 좋아질 것이다.

좋아지지 않았다면 아직 마지막이 아니다.

바람이 붑니다.

봄의 한가운데서 다시 겨울을 만난 것 같습니다.

그러나 시원합니다. 몸도 마음도 가볍습니다.
이 차갑고 광폭한 바람을 따라 어디론가 날아갈 것만 같습니다.
그곳이 어디인지는 모릅니다.
그곳이 이곳보다 더 나으리라는 기대도 없습니다.
그냥 바람을 따라 떠나고싶을 뿐입니다.
바람은 이제 밖에서 부는 바람이 아닙니다.
바람은 내 안에 들어와 나를 흔듭니다.
나의 모든 것을 흔들며 내게 다시 서라고 말합니다.
감겼던 눈이 다시 뜨이는 것 같습니다.
방황하지 않으면 안 될 시간이라고 바람이 내게 말하는 것만 같습니다.
그래서 새롭게 태어나라고 말하고 있습니다.
무료한 일상에서 즐겁고 밝은 길을 향해 눈뜨라고 말합니다.
바람이 불 때마다 나는 내 안에서 들려오는 바람의 목소리를 듣습니다.
바람의 소리는 언제나 새롭습니다.
그 새로움에 나는 가슴이 설렙니다.
그 소리는 내가 죽는 순간까지도 나를 흔들어 깨울 것입니다.
그리고 내 마지막 순간까지, 그 소리를 듣는 한 나는 새로울 것입니다.

가슴으로 사는 우리

좁은 길에서는 한 걸음 물러나 남이 먼저 지나가게 하라.

이것이 즐겁게 세상을 살아가는 하나의 방식이다.

우리가 머리로는 너무 많은 것을 알고 있습니다.

진리도, 아름다움도, 착함도 그 무엇 하나 모르는 것이 없습니다.

그러나 그것들을 가슴으로 알고 있지는 못합니다.

세상에 수많은 종교가 있고 수많은 가르침이 있지만 세상은 여전히 폭력이 난무하고 우리들 마음에 평화는 없습니다.

종교라는 이름으로 또 다른 종교적 성인이라는 이름으로, 우리들은 한시도 싸움을 멈추지 않고 있습니다.

마치 싸움과 분쟁을 위해서 종교가 존재하고 진리가 자리하고 있는 것만 같습니다.

수많은 사람들이 부처를 부르고, 예수를 부르지만 세상 어디에도 그들의 모습은 없습니다.

그리고 우리들의 마음에도 역시 그들의 모습은 없습니다.

우리가 부를수록 그들은 더 멀리 사라져가는 것만 같습니다.

그것은 어쩌면 가슴이 아니라 우리들이 입으로만 그들을 부르고 있기 때문인지도 모르겠습니다.

가슴이 아닌 입으로만 부르는 소리는 소음입니다.

성인의 자리를 시끄럽게 하는 소음에 지나지 않는 것입니다.

가슴으로 부르고 가슴으로 성인을 만날 일입니다.

오직 가슴으로 진리와 아름다움과 선함을 만날 일입니다.

가슴으로 이 세상 모든 것을 만날 때, 이 세상은 아름다움으로 다가섭니다.

가슴으로 사는 우리였으면 좋겠습니다.

진실은 아름답고 선한 것

어떤 인생을 택하더라도 스스로에게 진실하라.

하루를 마치는 시간이면 가만히 자신에게 물어봅니다.

오늘 하루 얼마나 진실하게 살았느냐고.

그 질문에 자신있게 대답하지 못합니다.

하루를 진실하게 살기도 어렵다는 것을 실감합니다.

물론 남을 속이고 기만한 것은 아니지만 자신을 속이고 자신을 배반했다는 것을 스스로는 잘 알고 있기 때문입니다.

자신에게 진실한 사람이 되는 것은 퍽 어려운 일인가 봅니다.

그래서 예전부터 혼자임에도 스스로 삼가라고 했나봅니다.

그것은 스스로 자기를 속이지 말라는 의미입니다.

하루에도 몇 번씩 자신을 속입니다.

열심히 정진해야지, 하고서는 게으른 하루를 보내고, 모두를 향해 자비심을 지녀하지, 하고는 자비심 없이 살아갑니다.

자신의 의지와 서원을 스스로 위배하고 살아갑니다.

자신에게 진실하지 못한 것입니다.

자신에게 진실할 수 없다면 그 누구에게도 진실할 수 없습니다.

그러나 자신에게 진실할 수 있다면 그는 이 세상을 진실되게 살아갈 수가 있습니다.

자신에게 진실한 것은 진실의 처음이자 끝입니다.

진실은 아름답고 선한 것입니다.

진실이 없다면 그 어떤 아름다움도 선도 만날 수가 없습니다.

진실의 소리에 귀 기울이는 당신이 아름답습니다.

눈물을 참지 마십시오

울기를 두려워 말라.

눈물은 마음의 아픔을 씻어내는 힘이다.

눈물. 참 좋은 것 같습니다.

나는 눈물과 친합니다.

그냥 어느 순간 눈물이 날 때가 있습니다.

그리고 그냥 아무것도 아닌 가벼운 말 한마디 사소한 풍경 하나에도 눈물이 맺힐 때가 있습니다.

그 순간 눈물을 글썽이며 나는 행복합니다.

감동 그리고 후련함, 그런 것들이 함께 밀려오기 때문입니다.

그러나 대개의 사람들은 그래서 울지는 않습니다.

사람들은 대개 슬퍼서, 분을 못 참아서 웁니다.

엉엉 소리내어 울기도 하고 입술을 꼭 깨물고 울기도 합니다.

그러나 눈물은 어떤 눈물이어도 좋습니다.

눈물 젖은 눈으로 바라보면 세상 모든 것이 조금은 나아보이기 때문입니다.

그리고 눈물은 우리들 가슴에 쌓인 미움과 증오의 정화이기도 합니다.

눈물을 참지 마십시오.

눈물이 날 땐 그냥 눈물을 흘리십시오.

눈물을 흘릴 수 있어 우리가 용서도 할 수 있고 다시 사랑도 할 수 있습니다.

눈물은 우리들 영혼에 내리는 이슬과 같은 것인지도 모르겠습니다.

눈물 그 뒤에 오는 용서와 체념, 그리고 사랑은 언제나 아름답습니다.

진돗개가 가르쳐준 교훈

동물도 사람을 관찰하여 평가한다.

동물이 좋아하는 사람은 자연도 사람도 그를 좋아한다.

우연한 만남에도 깊은 뜻이 담겨 있다.

전에 살던 절에 진돗개가 여러 마리 있었습니다.

무척이나 사나운 놈들이었습니다.

그래도 스님들이 다가서면 짖지 않았습니다.

아주 온순한 양이 되는 것 같았습니다.

꼬리를 내리고 순하게 앉아 눈을 감고는 했습니다.

그러나 낯선 사람이 다가서면 개들은 사납게 짖어댔습니다.

어느 날 실험을 해보았습니다.

개를 해하려는 마음을 가지고 다가서보았습니다.

그러자 개들이 일제히 사납게 짖어대는 것이었습니다.

평상시에 얌전했던 개들이 짖어대는 것을 보고 깜짝 놀랐습니다.

개들이 마음을 읽는다는 말인가.

개들의 눈을 유심히 들여다보았습니다.

의외로 그 눈빛은 대단히 맑았습니다.

개들에게 내 마음을 들켜버린 것만 같아 더럭 겁이 났습니다.

다시 개들을 향해 다가서보았습니다.

이번에는 아주 좋은 마음을 지니고 말입니다.

개들은 평소처럼 순하게 꼬리를 내리고 나를 맞았습니다.

참 신통한 일이었습니다.

좋고 선한 마음은 어디에나, 누구에게나 전해지는 것을 그때 깨달았습니다.

꽃들에게도 바람에게도 내 마음은 언제나 읽힐 것입니다.

착하고 아름다운 마음, 늘 지니고 살아야겠습니다.

마음의 눈

눈이 밝으면 아주 작은 물건까지 잘 볼 수 있고 마음이 밝으면 보이지 않는 남의 마음 깊은 곳까지도 잘 살필 수 있다.

비가 오고 흐린 날입니다.

시계가 짧아 마치 눈이 기능을 상실한 것 같습니다.

어둠이 오고 흐릴 때마다 우리들의 눈은 그 기능을 상실하는 듯합니다.

눈은 언제나 이렇게 불안합니다.

고개 저 너머에 있는 것.

꽃 속에 숨은 햇살의 반짝임.

달 속에 어린 따뜻한 정감을 볼 수는 없습니다.

눈은 그냥 있는 형상만을 볼 뿐입니다.

그래서 눈만 가지고 사는 삶은 건조하기만 합니다.

표면적인 삶은 마음의 눈을 뜨지 못하고 그냥 살아가는 사람들의 삶의 모습이기도 합니다.

그런 삶에는 사람에 대한 이해, 사랑, 연민을 찾아보기가 힘듭니다.

쉽게 화내고 쉽게 포기하고 쉽게 폭력을 동반하는 것이 표면적인 삶의 내용입니다.

그러나 마음의 눈을 열고 있으면 우리들의 삶은 달라집니다.

마음의 눈을 뜨면 꽃 속에 숨은 햇살의 움직임과 별들이 던지는 생명의 아름다움을 그대로 보고 느낄 수가 있습니다.

마음의 눈을 열고 있다면 사람들의 표면을 지나 심층에 자리한 착함과 연민과 사랑의 마음을 다 볼 수가 있습니다.

이해와 배려와 자비와 사랑이 그 삶의 내용이 됩니다.

오늘 아침 마음의 눈을 열고 저 흐린 비구름 뒤의 푸른 하늘을 바라보십시오.

그러면 그대도 푸른 하늘을 보게 될 것입니다.

고요한 정진

주먹을 불끈 쥐기보다는 두 손을 모으고 기도하는 자가 더 강하다.

주먹은 상대방을 상처주고 자신도 아픔을 겪지만 기도는 모든 사람을 살리기 때문이다.

새벽 부처님 앞에 서서 두 손을 모으고 기도합니다.

기도를 하며 아득히 멀었던 부처님과 나 사이의 거리가 가까워짐을 느낍니다.

내 몸과 마음에 점점 빛이 스며들고 나는 어둠을 벗어나 빛들의 세계 속으로 유입되어 가는 것을 느낍니다.

마음이 평화롭습니다.

미움과 증오의 폭력을 벗어나 자비와 사랑의 기쁨을 만납니다.

세상에서 가장 약한 것은 자신을 파괴하는 것이고, 세상에서 가장 강한

것은 자신을 기쁨과 행복에 젖게 하는 것입니다.

폭력은 그래서 가장 나약하고 조악한 자기의 표현입니다.

진정 강한 자는 사랑과 자비에 머물며 이 세상 모든 것과 마주하는 사람입니다.

자기 자신과의 싸움에서 이긴 사람만이 자비와 사랑의 원을 그려갈 수 있습니다.

자기에게 패배한 자들만이 폭력적이고 무례하고 거칩니다.

기도는 자기를 이겨내는 고요한 정진입니다.

그 고요한 정진이 오늘 그대의 모습이길 발원합니다.

관심

세심히 관찰하면 세상은 변한다.

미루지 말고 그때그때 보자.

맑은 하늘은 세상을 맑게 그려갑니다.

푸른 강물은 세상을 푸르게 그려냅니다.

예쁜 꽃들은 세상을 예쁘게 그려갑니다.

맑은 바람은 우리들 마음에 아련한 향수를 남깁니다.

밝은 별빛은 우리들에게 고운 꿈 하나를 남깁니다.

환한 달빛은 우리들에게 어머니의 미소를 일깨워줍니다.

마음을 모아 바라볼 수 있다면 우리들 가슴에는 사랑의 샘이 열리기 시작합니다.

그냥 지나치면 우리들 가슴에는 그 어떠한 샘물도 솟지 않습니다.

말이 없어도 즐겁고 눈을 감아도 행복한 것은 그 모든 것들이 소리 없이 마음을 타고 내게 다가오기 때문입니다.

관심은 소리 없이 꽃을 부르고 달을 부르고 별을 부르는 것입니다.

이 세상 모든 행복은 마음을 타고 옵니다.

우리 마음이 더 이상 무엇을 구하기 위하여 치달리지 않을 때 이 세상 모든 것들은 우리에게 다가옵니다.

밖을 향해 치달리는 마음에는 그 어떠한 것도 손을 내밀 수가 없습니다.

그 마음의 속도가 너무 빠르기 때문입니다.

무관심은 질주입니다.

질주하는 마음은 또한 비정합니다.

지금 우리들의 세상에는 질주하는 마음들이 가득합니다.

무관심합니다.

그래서 사랑이 없기도 합니다.

달이 저토록 고와도 우리는 달을 보기보다는 컴퓨터 모니터 앞에서 밤을 새기 일쑤입니다.

저토록 고운 보석들을 우리들은 아까운 줄도 모르고 버리고 있는 것입니다.

다름에 대한 인정

왼손으로 밥을 먹는 저를 보고 사람들은 어려서 고집쟁이였나 봐, 라고 말합니다.

왜 오른손으로 밥을 먹지 않고 여태 왼손이냐고 질타하는 사람들이 있습니다.

그때마다 하는 대답이 있습니다.

왼손이면 어떻고 오른손이면 어떠냐고.

밥을 먹는데 오른손이냐 왼손이냐의 문제는 그리 중요하다고 생각치 않습니다.

그냥 한 그릇의 밥을 감사한 마음으로 잘 먹을 수 있다면 된다고 생각합니다.

왼손과 오른손은 그냥 밥을 먹는 방법일 뿐입니다.

방법은 목적을 위한 수단일 뿐입니다.

꼭 오른손이어야 한다고 고집하는 것은 달을 보지 않고 손가락을 보는 것과 같습니다.

다름에 대한 인정.

다양성에 대한 인정이 우리로 하여금 달을 보게 합니다.

달을 보고싶다면 너그럽게 다른 모든 것들을 포용하며 살아야 합니다.

욕망을 벗어놓고

가벼워지자. 가벼워지자.

나는 자신에게 주문처럼 이 말을 되뇌입니다.

가벼워지자.

한 번 말할 때마다 내 마음 속에 자라는 욕망의 잎들이 하나씩 떨어집니다.

잎들이 떨어질 때마다 그 사이로 파란 하늘의 맑은 얼굴이 보입니다.

잎이 진 자리에 다가선 푸른 하늘.

욕망의 잎들이 다 떨어지고 나면 그 자리에는 온통 푸른 하늘이 자리하게 될 겁니다.

별도 돋고 달도 뜨는 하늘.

나는 하늘의 아름다움에 취해 욕망의 유혹을 잊게 될 것만 같습니다.

욕망의 유혹에 넘어가는 것은 욕망보다 더 아름다운 것을 알지 못하기 때문입니다.

욕망보다 더 아름다운 것을 알기 위해서는 욕망을 하나씩 버려야만 합니다.

욕망은 그렇게 욕망을 버린 자에게만 욕망보다 아름다운 것을 보여줍니다.

하나씩 버려야 합니다.

그때 비로소 욕망보다 아름다운 것을 만날 수가 있습니다.

가벼워지자 가벼워지자 가벼워지자.

오늘 아침에도 욕망보다 아름다운 것 하나를 만날 것만 같습니다.

시간의 힘

바람이 강하게 붑니다.

밤새 덜컹이는 창문 소리를 들었습니다.

바람은 세상의 모든 것을 흔듭니다.

바람이 불면 내 마음도 흔들립니다.

바람이 불 때마다 차곡차곡 쌓여 있던 내 마음속 기억의 서고도 어지럽게 나부낍니다.

바람 부는 날, 내 기억의 서고에서 내게 날아온 기억의 책 한 권.

그것은 내 어린 날 방황의 일기였습니다.

기억의 서책을 한 장씩 넘기며 나는 그날의 치기를 바라보며 입가에 미소를 지었습니다.

세상 전부일 것만 같았던 그날의 내 고뇌와 가치와 철학들이 이제는 입가에 잔잔한 미소로 다가오는 것을 봅니다.

세월이 가면 다 흐려지는 것 같습니다.

흐려져 가슴에 안아도 아프지 않게 하는 것이 시간의 힘인 것 같습니다.

오늘 아파하지 말고, 내일 아파하십시오.

그러면 그 아픔이 또 다른 추억이라는 것을 알게 될 것입니다.

나는 누구인가

얼마나 많은 사람들이 자신에 대해 생각하고 살까요.

일과 주변을 떼어 놓고 나면 '나'라는 것은 과연 무엇일까요.

나는 일과 또 주변을 위해서만 존재의 의미가 있는 것일까요.

과연 '나'라는 것에 대해서 진지하게 생각해보신 적이 있으신가요.

일과 주변을 위해 사는 것은 내 삶이 아니라 남의 삶이라는 생각을 해보시지는 않으셨나요.

우리의 지침, 짜증, 우울이 결국 '나'를 잃어가는 삶을 살았기에 만나게 되는 결과는 아닐까요.

내게 다가올 시간과 만남의 의미를 우리가 알고 살아가기는 하는 것일까요.

삶을 돌아보고 잃어버린 자신을 생각하면 삶은 너무 많은 질문의 연속입니다.

이 질문에 하나하나 답해가는 것. 그것이 나의 의미를 찾아가는 삶이겠지요. 자신과 만나고 자신을 알고 살아가는 삶.

그런 삶에는 오직 행복만이 가득할 것입니다.

내 마음의 지우개

꽃을 보면 꽃의 마음을 닮고, 하늘을 보면 하늘처럼 높아지고, 바다를 보면 바다처럼 넓어지고, 산을 보면 산처럼 깊어지는 그런 마음은 하얀 백지처럼 아무것도 그려져 있지 않은 순수한 마음입니다.

마음에 만일 많은 것들이 그려져 있다면 그 무엇도 담을 수가 없을 테니까요.

마음에 지우개 하나 두고 마음에 그려진 그림들을 늘 지우는 일을 해야만 합니다.

세상을 살아가기 위해 그렸던 그림, 그리고 자신의 길이라고 해서 그렸던 그림도 때가 되면 하나씩 지워야만 합니다.

그래서 언제나 마음에 여백을 남겨두어야만 합니다.

온통 하얗게 비울 수 있다면 더욱 좋겠구요,

하얗게 비워진 마음에 그 모든 것을 담을 수 있다면 얼마나 좋을까요.

그런 마음을 위해 마음의 지우개 하나 늘 지니고 살 일입니다.

누군가를 느끼고 생각하는 삶

빗소리가 잠을 깨웠습니다.

후두둑 나뭇잎을 치며 떨어지는 빗소리.

마치 나무들이 둥글고 맑은 꽃잎들을 떨구고 있는 것만 같습니다.

창을 열고 빗물이 들이치는 창가에 서서 눈을 감습니다.

피부에 와 닿는 빗방울의 차가움.

나무에게도 이 비의 차가움이 전해질까,

나는 나무의 체온을 느끼고만 싶었습니다.

내가 잠을 자듯 나무도 역시 잠을 잤을까.

나는 나무의 지난밤이 궁금했습니다.

나무에 대한 생각들이 나무와 나 사이의 거리를 지우는 것을 알 수가 있었습니다.

아득했던 거리가 점점 가까워졌습니다.

이렇게 나무를 느끼고 나무를 생각하다 보면 언젠가 나도 모르게 나무가 될 것만 같습니다.

삶은 어쩌면 누군가를 느끼고 생각하고 일체가 되어가는 것인지도 모르겠습니다.

그런 삶이 아름답게 다가섭니다.

마음이 만드는 길

나는 가끔씩 길을 잃고 방황합니다.

분노와 미움이 안개처럼 피어올라 길을 가리기 때문입니다.

길은 사라졌다 나타나고 다시 나타났다 사라지고는 합니다.

길을 걷는 내가 확신이 서지 않습니다.

내가 바른 길을 걷고 있는지 아니면 안개처럼 혼돈의 행보를 하고 있는지 알 수가 없습니다.

마음이 평온할 때 길 역시 선명하게 보입니다.

내 마음이 평온하면 그대에게 가는 길도 환히 떠오릅니다.

길은 마음이 내는 것이라는 사실을 알게 됩니다.

마음을 떠나 길은 없고, 길은 마음에서 자라 마음에서 지워진다는 것을 보게 됩니다.

마음이 고요할 때 그대에게 가는 길 위에는 꽃이 피지만 마음이 산만할 때 그 길 위에는 안개가 자욱할 뿐입니다.

길은 사라지고 길은 안개가 되어 헤매이게 합니다.

마음의 파고가 잠들어야 해가 돋으려나 봅니다.

안개 속에서 가만히 다시 해가 돋기를 기다립니다.

시작의 즐거움

후회는 아무리 빨라도 늦고, 시작은 아무리 늦어도 빠르다.

어느 날 문득, 내 인생이 왜 이렇게 됐지 하고 푸념하는 순간이 당신이 새롭게 시작해야 할 시간이라는 것을 아십니까.

아무도 늦었다고 깨닫기 전에는 새로운 시작을 하지 않습니다.

그래서 늦었다 생각하는 그 순간이 어쩌면 가장 빠른 시간인지도 모르겠습니다.

인생이란 늘 그렇습니다.

돌아보면 늘 늦은 것 같고 늘 회한이 남는 것이 인생입니다.

어쩌면 우리 인생이 그러하기에 새롭게 앞을 향해 나가는 것인지도 모르겠습니다.

인생은 그러고보면 2보 전진을 위해 언제나 1보 후퇴의 자리에 있는 것이라는 생각이 듭니다. 적어도 인생과 시간에 대해 깨닫는 사람에 한해서는 말입니다.

그러나 늦었다고 생각한다고 해서 모두 새롭게 시작하는 것은 아닙니다.

어떤 이는 그냥 주저앉아 있기도 합니다.

그러나 인생을 늦었다고 느낄 때 새롭게 시작하는 사람만이 시작의 즐거움을 만날 수 있는 것이겠지요.

세상에서 가장 값진 것

잠시 주위를 둘러보세요.

무엇이든 마음만 먹으면 즐겁게 할 수 있는 일이 지천으로 널려 있답니다.

내 주위에 꽃이 있고, 하늘이 있고, 바람이 있다는 것이 어느 순간 신기하다고 생각해보셨나요.

무심히 바라보던 하늘, 꽃, 바람이 신기하게 다가오는 그 순간은 우리들 마음의 눈이 열리는 시간이기도 합니다.

하늘, 꽃, 바람과 같은 자연은 얼마나 아름답고 위대한 모습들입니까.

그런 소중한 것들이 내 주위에서 나를 감싸고 있다는 것을 알게 되면 내 삶이 너무도 아름답고 위대하다는 것을 느끼게 될 겁니다.

곳곳에 다 행복이 가득하고, 곳곳이 다 아름다운 생명의 세계라는 것을 우리는 그 순간 알게 되는 것입니다.

이런 깨달음, 이런 느낌이 있다면 우리들 삶의 시간들은 언제나 행복과 즐거움으로 가득하겠지요.

구중궁궐같은 어느 큰 집을 부러워할 이유도 없습니다.

귀부인의 손과 목에 걸린 값비싼 보석을 부러워할 이유도 없습니다.

우리는 그것보다 더 값진 것들을 소유하고 있기 때문이지요.

세상에 가장 큰 소유는 소유하지 않는 소유입니다.

그런 당신에게 하늘과 꽃과 바람은 가장 값진 보석으로 빛날 것입니다.

행복한 미소

1쇄 발행일 | 2007년 10월 15일

지은이 | 성전
펴낸이 | 정화숙
펴낸곳 | 개미

출판등록 | 제1999-3호 1992. 6. 11
주소 | (121-736) 서울시 마포구 마포동 136-1 한신빌딩 803호
전화 | (02)704-2546, 704-2235
팩스 | (02)714-2365
E-mail | lily12140@hanmail.net

값 10,000원

ISBN 978-89-87038-77-3 03810